Landfrauen-Rezepte

Fisch

Gabriele Lehari (Hrsg.) • Fotos: Fridhelm Volk

ULMER

Inhalt

Inhalt

NEUHARLINGERSIEL
Neuharlingersiel

Fisch – gesund und hochwertig

In der gesamten Menschheitsgeschichte hat Fisch schon immer eine herausragende Bedeutung für die Ernährung gehabt. So waren in der Steinzeit Fische, Muscheln, Krebse und andere Wassertiere – sowohl im Meer als auch in den Flüssen und Seen – die erste bedeutende jagdbare Beute für die Menschen. Sie stellten ein wichtiges Nahrungsmittel dar, das sie mit Eiweiß, Fett, Vitaminen und anderen Nährstoffen versorgte.

Die ältesten Fundstücke, die eindeutig einen Fischfang belegen, sind Angelhaken, die aus der Zeit um 8000 v. Chr. stammen. Bis etwa 4000 v. Chr. entwickelten sich dann weitere Fangmethoden mit Speeren, Pfeil und Bogen, Fischreusen und verschiedenen Arten von Netzen.

Schon im alten Ägypten begann man mit der systematischen Aufzucht von Fischen in Teichen. Und in den ans Meer angrenzenden Ländern entwickelte sich die Seefischerei und mit ihr die Fisch verarbeitende Industrie bis heute zu einem wichtigen Wirtschaftszweig. Durch das Christentum fiel dem Fisch eine weitere bedeutende Rolle als Fastenspeise zu, wodurch besonders in der Nähe von Klöstern viel Teichwirtschaft betrieben wurde.

In Europa ist sowohl im hohen Norden als auch in den Mittelmeerländern Fisch ein wichtiger Bestandteil des täglichen Speiseplans. Bei uns spielt er dagegen in der Ernährung – von den Küstenregionen abgesehen – eine eher untergeordnete Rolle, obwohl er aufgrund seiner Nährstoffzusammensetzung zu den wertvollsten Lebensmitteln überhaupt gehört. Daher sollte er in jedem Haushalt ein- bis zweimal in der Woche auf dem Speiseplan stehen.

Beschauliche Fischeridylle in einem ostfriesischen Hafenstädtchen

Voller wichtiger Inhaltsstoffe

Eiweiß, Fett und Kohlenhydrate

Fisch enthält große Mengen (10 bis 25 Prozent) an hochwertigem, leicht verdaulichem Eiweiß. Kohlenhydrate sind im Fisch dagegen fast keine vorhanden. Schon etwa 200 g magerer Fisch versorgen uns mit dem Tagesbedarf an essenziellen Aminosäuren. Im Fisch sind diese Proteinbausteine in solch einer Zusammensetzung vorhanden, dass sie von unserem Körper besonders gut verwertet werden können. Aus 100 g Fischeiweiß können wir 94 g körpereigenes Eiweiß aufbauen.

Fisch ist kalorienarm und daher auch besonders für alle geeignet, die ihren Fettkonsum einschränken müssen oder sich einfach kalorienbewusst ernähren möchten.

Nach dem Fettgehalt ihres Muskelfleisches unterscheidet man Fett- und Magerfische, wobei das Eiweiß-Fett-Verhältnis sogar bei den Fettfischen noch sehr günstig ist. Fast fettfrei mit unter 2 Prozent Fettanteil ist das Muskelfleisch von Schellfisch, Kabeljau bzw. Dorsch, Seelachs, Scholle, Flunder, Hecht und Zander. Zwischen 2 und 5 Prozent Fett enthält das Fleisch von Rotbarsch, Seezunge, Steinbutt oder Schleie. Fettreiches Fleisch mit 5 bis 20

Prozent Fettanteil haben Hering, Karpfen, Lachs, Makrele, Sardine, Sprotte oder Schwarzer Heilbutt, wobei sie damit noch unter den Werten für durchschnittlich fette Fleischsorten liegen. Sehr fettes Fleisch mit über 30 Prozent Fettanteil besitzt der Aal.

Fischfett hat einen hohen Anteil an ungesättigten Fettsäuren und wirkt sich daher positiv auf den Cholesteringehalt im Blut aus. Eine besondere Bedeutung kommt hier den mehrfach ungesättigten Omega-3-Fettsäuren zu, die nur im Fischfett vorkommen, vor allem bei Hering, Lachs und Makrele. Sie beugen Ablagerungen an den Wänden von Blutgefäßen vor, senken Blutdruck und Cholesterinspiegel und verbessern vermutlich auch die Fließeigenschaften des Blutes.

Vitamine

Auch bezüglich des Vitamingehaltes trägt Fisch erheblich zur gesunden Ernährung bei. Hierbei ist zu berücksichtigen, dass fettlösliche Vitamine im Fischkörper nicht gleichmäßig verteilt sind. Magerfische speichern nämlich ihr Fett fast ausschließlich in der Leber. Bei Fettfischen befinden sich dagegen große Mengen Fett in der Muskulatur und werden außerdem zwischen Haut und Filet abgelagert. Somit enthält das Muskelfleisch von Fettfischen in der Regel mehr Vitamin A, D, E und K (also fettlösliche Vitamine) als von Magerfischen. Besonders Vitamin D liegt in für die Ernährung bedeutenden Mengen vor mit durchschnittlich 10 µg pro 100 g verzehrbarem Anteil. Schon die Hälfte deckt den Tagesbedarf eines Menschen.

Von den wasserlöslichen Vitaminen sind mengenmäßig Niacin, Vitamin B_6 und B_{12} von Bedeutung. Schon der Verzehr von 200 g Fischfilet deckt den Tagesbedarf eines Menschen an diesen drei Vitaminen. Da die dunkle Muskulatur und die Haut eine große Menge dieser Vitamine enthalten, ist es aus ernährungsphysiologischer Sicht ratsam, diese Teile mitzuverzehren. Die anderen Vitamine kommen nur in unbedeutenden Mengen vor.

Die wichtigsten Inhaltsstoffe von Fisch

Vitamin	Durchschnittliche Menge pro 100 g verzehrbarem Anteil Fischfleisch	Tagesbedarf eines Erwachsenen
A	60 µg	800–1000 µg
D	10 µg	5 µg
E	1,2 mg	15 mg
K	0,6 µg	65–80 µg
C	1,2 mg	100 mg
B_1	0,1 mg	1,0–1,3 mg
B_2	0,2 mg	1,2–1,5 mg
Folsäure	9 µg	400 µg
Biotin	4 µg	30–60 µg
Pantothensäure	0,7 mg	6 mg
B_{12}	3 µg	3 µg
B_6	0,4 mg	1,2–1,5 mg
Niacin	4,2 mg	13–17 mg

Fische aus Zuchtbetrieben besitzen bei fast gleichem Gehalt an wasserlöslichen Vitaminen in der Regel mehr Fett und fettlösliche Vitamine als Fische aus Wildbeständen.

Mineralstoffe und Spurenelemente

Der Gehalt an Kalzium und Natrium ist bei Fisch vergleichbar mit dem in Fleisch und Geflügel vorkommenden Mengen. Es stimmt also nicht, dass im Salzwasser lebende Fische einen besonders hohen Gehalt an Kochsalz (Natriumchlorid) haben. Denn das überschüssige Salz wird von den Tieren durch die Kiemen wieder ausgeschieden. Die im Fisch enthaltenen Mengen an Kalium und Magnesium sind nicht sehr groß. Dagegen besitzt das Fischfleisch viel Phosphor (190 bis 230 mg pro 100 g), das im Körper beim Protein- und Energiestoffwechsel eine wichtige Rolle spielt und für eine ausreichende Versorgung besonders bei hoher körperlicher, aber auch nervlicher Belastung von Bedeutung ist.

Eisen zählt zu den Spurenlementen. Mit 0,5 bis 1 g pro 100 g verzehrbarem Anteil besitzt Fisch relativ viel davon. Außerdem liegt hier Eisen in einer Form vor, die gut vom Körper aufgenommen werden kann. Somit wirkt sich der Verzehr positiv auf die Blutbildung und den Sauerstofftransport im Körper aus.

Meerfische enthalten ebenso wie Meeresfrüchte viel Jod, das ebenso zu den Spurenelementen zählt. Sie sind deshalb besonders wichtig für die Ernährung von Menschen, die an Jodmangel leiden, und können so helfen, dadurch bedingte Schilddrüsenerkrankungen vorzubeugen. Während sich der Jodgehalt bei den meisten Lebensmitteln im ein- und zweistelligen Mikrogramm-Bereich bewegt, enthalten Meeresfische zwischen 100 und 200 µg Jod pro 100 g verzehrbarem Anteil. Einen recht hohen Jodgehalt besitzen die häufigen Speisefische wie Kabeljau, Seelachs oder Schellfisch.

Glücklich, wer frischen Fisch direkt vom Angler beziehen kann.

Kleine Fischkunde

Speisefische können nach unterschiedlichen Kriterien eingeteilt werden. Nach ihrer Herkunft unterscheidet man Salzwasser- oder Meerfische und Süßwasserfische. Allerdings gibt es auch Arten, die sich hier nicht eindeutig zuordnen lassen, da sie einen Teil ihres Lebens im Meer und einen Teil im Süßwasser verbringen. Hierzu zählen der Aal, der aus den einheimischen Flüssen ins Meer und bis zur Sargasso-See im Atlantik wandert, um dort abzulaichen, sowie der Lachs, der im Meer lebt, aber zum Laichen die Flüsse stromaufwärts zieht. Solche Fische werden nach dem Ort ihrer Laichplätze den beiden Kategorien zugeordnet. Somit gilt der Lachs als Süßwasserfisch und der Aal als Salzwasserfisch.

Außerdem werden Speisefische nach ihrem Fettgehalt in Fett- und Magerfische unterteilt. Nach der Qualität unterscheidet man Konsum- und Edelfische, nach der Körperform Rund- und Plattfische. Die meisten Fische, die für die menschliche Ernährung von Bedeutung sind, stammen aus dem Meer.

Im Folgenden werden die in unseren Breiten wichtigsten Speisefische und Meeresfrüchte kurz vorgestellt.

Aal

Der Aal besitzt mit seiner schuppenlosen Haut, den winzigen Flossen und dem langen Körper ein charakteristisches Aussehen. Er lebt in Flüssen und Seen und zieht zum Ablaichen ins Meer. Dort stirbt er. Die Jungtiere kehren ins Süßwasser zurück. Als Glasaale ziehen sie flussaufwärts und entwickeln sich innerhalb von vier bis zehn Jahren zu so genannten Grünaalen. Als Blankaal mit einer gelblich silbernen Farbe ziehen sie wieder Richtung Meer. Am besten schmecken Aale mit einem Gewicht zwischen 250 und 750 g. Aal hat sehr festes und fettes Fleisch, aber kaum Gräten. Bei vielen Gerichten zieht man vor der Zubereitung die Haut ab. Beim Räucheraal belässt man jedoch die Haut.

Flussbarsch

Der Flussbarsch wird auch als Kretzer oder Egli bezeichnet und zählt zu den schmackhaftesten Süßwasserfischen. Das feste Fleisch ist leicht verdaulich und lässt sich gut filetieren.

Forelle

Die Forelle gelangt bei uns vorwiegend als Regenbogenforelle in den Handel, die ausschließlich aus Zuchtteichen stammt. Die kleinere Bachforelle findet man nur in den sauberen Bächen und Seen des Alpenvorlandes und gilt als besonders delikat. Am größten ist die Seeforelle, die ein Gewicht von 1 bis 5 kg erreichen kann. Sie lebt in den Alpenseen und wandert zum Laichen in die Flüsse. Das gegarte Fleisch zerfällt leicht und lässt sich gut von den Gräten befreien.

Krabben, Garnelen und Shrimps

Über die genaue Bezeichnung der zum Verzehr bestimmten Meereskrebstiere herrscht häufig Unklarheit. Die an deutschen Küsten im Allgemeinen als Krabben bezeichneten Meeresfrüchte sind eigentlich Nordseegarnelen. Sie werden 5 bis 8 cm lang und färben sich beim Kochen, was direkt nach dem Fang an Bord geschieht, rotbraun. Sie werden geschält („gepult") frisch angeboten oder gelangen als Konserven oder tiefgekühlt in den Handel.

Tiefseegarnelen werden auch als Shrimps oder Grönlandkrabben angeboten. Sie erreichen eine Größe von 12 cm. Vor dem Verzehr werden Kopf und Panzer entfernt.

Forellen stammen meist aus heimischer Teichhaltung oder werden aus Seen und Flüssen geangelt.

Riesengarnelen, auch als Crevetten oder King Prawns bezeichnet, werden noch größer (bis zu 30 cm). Bei ihnen muss vor dem Servieren der Panzer vom Körper entfernt werden, um den Darm herausschneiden zu können, da er einen bitteren Geschmack besitzt.

Als Grüner Hering, Matjes-, Fett-, Voll- und Herbsthering kommt der schlanke Schwarmfisch aus dem Atlantik bei uns auf den Markt.

Hecht

Dieser Raubfisch mit dem langen Körper und dem breiten, abgeflachten, schnabelförmigen Kopf lebt in den Flüssen und Seen Europas. Männchen können bis zu 1 m, Weibchen bis zu 1,5 m lang und bis zu 30 Jahre alt werden. Die beste Qualität hat das Fleisch von Tieren, die unter zwei Jahre alt sind. Bei größeren Tieren kann das Fleisch trocken werden. Sie sind daher gut zum Spicken geeignet. Der Hecht hat weißes, festes Fleisch und viele Gräten, lässt sich aber gut filetieren.

Heilbutt

Der Weiße Heilbutt ist der größte Vertreter der Plattfische. Er kann eine Länge von 2 m und ein Gewicht von 120 kg erreichen. Er kommt im Atlantik, aber auch im Südpazifik vor und wird als Grundfisch vorwiegend in Küstennähe gefangen. Ein ähnliches Verbreitungsgebiet wie der Weiße Heilbutt hat der kleinere Schwarze Heilbutt, dessen ebenso weißes Fleisch häufig geräuchert auf den Markt kommt. Das feste Fleisch lässt sich gut filetieren.

Hering

Der Atlantische Hering ist ein Schwarmfisch und wird 40 cm lang. Wurde der schlanke, silbrige Fisch früher als „Arme-Leute-Essen" angesehen, gilt er heute schon fast als Delikatesse, nicht zuletzt weil seine Bestände durch die teilweise Überfischung mancherorts zurückgegangen sind. Heringe kommen unter verschiedenen Bezeichnungen auf den Markt:

- Grüner Hering: frischer, unbehandelter Hering, fast das ganze Jahr erhältlich
- Matjeshering: noch nicht geschlechtsreifer Hering (vorwiegend im Frühjahr erhältlich)
- Fetthering: starker Fettansatz, Milch und Rogen (Samen und Eier) sind noch nicht entwickelt
- Vollhering: kurz vor der Laichzeit, Milch und Rogen entwickelt
- Ihlen, See- oder Herbsthering: der schlanke, magere Hering nach dem Ablaichen (Herbst)

Jakobsmuschel

Dieses auch als Pilgermuschel bezeichnete Weichtier besitzt große, dekorative Schalen, die gerne als Gefäße zum Servieren oder Überbacken von kleinen Gerichten verwendet werden. Die 10 bis 15 cm großen Muscheln leben im Atlantik, in der Nordsee und im Mittelmeer. Das weiße Muskelfleisch darf nur kurz gegart werden, da es sonst zäh wird. Die Muscheln leben nur in absolut sauberem Wasser und sind dementsprechend selten. Daher wird die von Feinschmeckern geschätzte Delikatesse teuer gehandelt.

Kabeljau / Dorsch

Dieser gefräßige Raubfisch kommt im gesamten Küstenbereich des Nordatlantiks vor. Er kann über 1 m lang und mehr als 20 kg schwer werden und gelangt vorwiegend als Filet in den Handel. Die Jugendform wird als Dorsch bezeichnet und wird häufig als ganzer Fisch von 1 bis 2 kg angeboten. Das zarte Fleisch fällt beim Garen leicht auseinander.

Karpfen

Der Karpfen gehört zu den am häufigsten angebotenen Süßwasserfischen und stammt fast ausschließlich aus Zuchten. Besonders zu Weihnachten und Silvester ist die Nachfrage groß. Der Karpfen stammt ursprünglich aus dem Orient, wurde aber schon im Mittelalter in den klösterlichen Teichen gezüchtet. Die Tiere werden etwa drei Jahre alt und meistens mit einem Gewicht von etwa 1,5 kg angeboten. Das Fleisch hat einen relativ hohen Fettgehalt, der allerdings mit der Herkunft des Karpfens variieren kann. Es lässt sich auf vielerlei Weise zubereiten. Die Gräten sind gut zu entfernen.

Lachs

Der Lachs oder Salm verbringt seine ersten zwei bis drei Lebensjahre im Oberlauf von Flüssen, wandert dann ins Meer, um weitere drei bis fünf Jahre später ins Süßwasser zurückzukehren und dort abzulaichen. Bei uns kommt vorwiegend Atlantischer Lachs aus Zuchtanlagen oder Alaska-Wildlachs auf den Markt. Bei Zuchtfischen sollten man auf so genannten Öko-Lachs achten, da konventionell gezüchtete Lachse häufig mit Antibiotika behandelt und oft zu dicht besetzt gehalten werden. Das rosafarbene Fleisch lässt sich gut von Gräten befreien und fällt nach dem Garen schnell auseinander.

Lachsforelle

Dieser auch als Meerforelle oder Silberlachs bezeichnete Fisch wird 80 bis 100 cm lang und kann ein Gewicht von 5 kg erreichen. Er kommt in Nord- und Ostsee sowie im Nordatlantik und im Polarmeer vor. Im Frühjahr steigen die Fische die Flüsse aufwärts, um im Sommer im Süßwasser abzulaichen. Typisch für die Lachsforelle ist das rosafarbene Fleisch. Die Zubereitung erfolgt wie bei normalen Forellen.

Makrele

Der 35 bis 50 cm lang werdende Schwarmfisch wird wegen der dunklen Streifen auf dem schlanken Körper auch „Zebra des Meeres“ genannt. Bekannt ist die Makrele als „Steckerlfisch“: Über Holzkohle gegrillt wird sie in Süddeutschland auf Volksfesten angeboten. Heute kommt der fettreiche Fisch vorwiegend geräuchert auf den Markt. Das Fleisch ist fest und grätenarm.

Miesmuschel

Die Mies- oder Pfahlmuschel besitzt blauschwarze bis blauviolette Schalen und ist überall rund um Europa beheimatet. Die Tiere setzen sich meist an Felsen, Pfählen (Name!) und Sandbänken fest. Die bei uns in den Handel kommenden Miesmuscheln stammen alle aus Zuchtbetrieben und werden vom Herbst bis März „geerntet“. Beim Einkauf sollte man auf geschlossene Schalen achten. Leicht geöffnete Muscheln sowie solche, die beim Kochen nicht aufgehen, sind verdorben und dürfen nicht verzehrt werden.

Renke

Die Renke, auch als Felchen oder Maräne bezeichnet, lebt in den Seen des Alpen- und

Als Delikatessen gelten Renken, auch Maränen oder Felchen genannt.

Voralpenlandes. Das sehr schmackhafte, relativ feste Fleisch gelangt frisch oder geräuchert in den Handel. Es lässt sich gut filetieren und von Gräten befreien.

Rotauge

Das Rotauge, auch Plötze genannt, ist ein bis zu 30 cm lang werdender Süßwasserfisch, der vor allem für Hobbyangler, weniger für die Fischereiwirtschaft von Interesse ist. Der Name stammt von dem roten Ring um die Augen. Die sehr ähnliche Rotfeder ist nur von Kennern von dem Rotauge zu unterscheiden. Beide Arten zählen zu den Weißfischen und sind wegen ihres zwar schmackhaften, aber grätenreichen Fleisches nicht sehr beliebt

Rotbarsch

Diese auch als Goldbarsch bezeichnete Art lebt in den tieferen Zonen des Nordatlantiks und ist erst seit den 30er-Jahren des 20. Jahrhunderts im Handel, weil vor dieser Zeit die Technik des Fischfangs noch nicht das Abfischen des Goldbarsch-Lebensraumes ermöglichte. Heute gehört er zu den wichtigsten Speisefischen und ist daher leider vielerorts schon überfischt. Das rötliche Fleisch der bis zu 60 cm groß werdenden Fische kommt vorwiegend als Filet auf den Markt. Das feste, schmackhafte Fleisch lässt sich gut von den Gräten lösen.

Saibling

Der Saibling wird auch Rotforelle oder Ritter genannt. Der Seesaibling lebt in den kalten, sauerstoffreichen Seen der Alpen, der Bachsaibling ist dagegen in schnell fließenden Bächen und Quellregionen zu finden. Im jugendlichen Alter sehen die Fische ähnlich wie Forellen aus. Sie werden bis zu 60 cm lang. Kleinere Fische werden wie Forellen, größere Exemplare wie Lachs zubereitet. Das Fleisch lässt sich gut von den Gräten lösen und fällt nach dem Garen schnell auseinander.

Sardine

Die nächsten Verwandten dieses bis zu 25 cm lang werdenden Fisches sind Hering und Sprotte. Die Sardine ist im gesamten Atlantik und im Mittelmeer weit verbreitet. Frische Sardinen verderben schnell, daher werden sie meistens tiefgekühlt angeboten. Der größte Teil der Fänge wird als Ölsardinen konserviert. Junge Sardinen können zum Beispiel gegrillt oder frittiert mit Gräten verzehrt werden.

Schellfisch

Der Schellfisch zählt zu unseren wichtigsten Speisefischen. Er wird durchschnittlich 30 bis 50 cm lang und 2 bis 3 kg schwer. Selten werden Exemplare bis zu 1 m lang. Die Hauptfanggründe befinden sich in der Nordsee und im Nordatlantik. Allerdings sind manche Bestände schon stark überfischt. Der Schellfisch gehört zu den fettärmsten Fischen und kommt meistens filetiert auf den Markt.

Schleie

Dieser Süßwasserfisch gehört zur Familie der Karpfen und besitzt eine schleimige, mit kleinen Schuppen besetzte Haut. Das Fleisch ist sehr wohlschmeckend, besitzt aber viele Gräten. Der bis zu 50 cm lang werdende Fisch wird meistens im Ganzen zubereitet.

Scholle
Dieser auch als Goldbutt bezeichnete Plattfisch wird bis zu 1 m groß. Die bräunliche Oberseite ist mit zahlreichen orangefarbenen Flecken besetzt, die Unterseite ist weiß. Die Scholle kommt an den Atlantikküsten Europas vor. Das weiße Fleisch ist nicht sehr fest und eignet sich daher besser zum Braten als zum Dünsten. Die Flunder ist mit der Scholle eng verwandt und wird genauso wie diese verarbeitet.

Seelachs
Der Seelachs wird auch Köhler genannt, weil sein Maul schwarz gefärbt ist. Dieser Magerfisch kann bis zu 1 m lang werden. Er kommt frisch im Ganzen, als Filet oder zu Fischstäbchen verarbeitet in den Handel. Der rot gefärbte Lachersatz wird auch aus Seelachs hergestellt.

Seeteufel
Dieser in der Nordsee beheimatete bis zu 1 m groß werdende Fisch verdankt seinen Namen dem grotesken Aussehen. Mit seinem gedrungenen Körper und dem großen Kopf mit dem riesigen Maul galt er früher als unverkäuflich. Heute wird sein schneeweißes, wohlschmeckendes Fleisch von Feinschmeckern geschätzt.

Seezunge
Unter den Plattfischen ist die Seezunge der edelste und teuerste Speisefisch. Er wird bis zu 50 cm lang und 500 g schwer. Der gleichmäßig oval geformte Körper ist oberseits graubraun, auf der Unterseite heller gefärbt. Das Verbreitungsgebiet dieses am Meeresboden lebenden Fisches erstreckt sich von der Küste Nordafrikas bis hoch an die Küsten von Schottland und Norwegen. Das feste, fettarme, sehr wohlschmeckende Fleisch wird meist filetiert angeboten.

Steinbutt
Der Steinbutt gehört nach dem Heilbutt zu den größten Plattfischen. Seine Körperform ist fast kreisrund. Seinen Namen hat er von den Verknöcherungen auf der schuppenlosen Haut, die „Steine" genannt werden, erhalten. Die Fanggründe erstrecken sich vom Mittelmeer und entlang der europäischen Küste bis hoch nach Norwegen. Kleine Exemplare werden als „Baby-Steinbutt" im Ganzen verkauft, größere kommen meist nur zerteilt auf den Markt. Wegen seines zarten, delikaten Fleisches ist der Steinbutt ein teurer Speisefisch.

Wels
Der Wels, auch Waller genannt, ist der größte europäische Flussfisch. Er wird bis zu 3 m lang und 250 kg schwer. Die schuppenlose Haut ist mit Schleim bedeckt. Als Raubfisch erbeutet er alles, was vor sein Maul mit den charakteristischen sechs Barteln (zwei lange an der Mauloberseite, vier kurze an der Unterseite) kommt. Das Fleisch von jungen Tieren ist weiß, fast grätenlos und sehr schmackhaft. Das Fleisch älterer Tiere ist zäh und tranig.

Zander
Der Zander, auch Hechtbarsch, Fogosch oder Schill genannt, gehört zu den Barschen und ist in ganz Mitteleuropa verbreitet. Er kann bis zu 1 m lang werden, wird aber meist bei einer Länge von 50 bis 60 cm gefangen. Das feste, wohlschmeckende, saftige Fleisch muss ganz frisch verarbeitet werden. Es lässt sich gut filetieren.

Woran erkennt man frischen Fisch?

Fisch verdirbt sehr schnell, daher muss man bei Kauf und Verarbeitung ganz besonders auf Frische und Qualität achten. Nur wer selber angelt oder fischt oder von befreundeten Anglern mit Fisch beliefert wird, erhält garantiert fangfrische Ware, die er unverzüglich verarbeiten kann. In manchen Fachgeschäften werden auch Süßwasserarten lebend angeboten, die erst bei Bedarf geschlachtet werden. Aber besonders bei Meeresfischen muss sich der Verbraucher darauf verlassen, dass die Ware in möglichst kurzer Zeit bis zur Ladentheke gelangt ist und in diesem Zeitraum die Kühlkette nicht unterbrochen wurde.

Wie erkennt man nun als Verbraucher die Qualität von frischem Fisch? Hier gibt es eine Reihe von Kriterien, die auch dem Laien eine zuverlässige Beurteilung ermöglichen.

Checkliste für Ihren Fischeinkauf

Augen: Die Augen von fangfrischen Fischen sind klar, sie dürfen nicht eingetrübt sein und sollten sich prall anfühlen.

Haut: Die Haut darf keine Druckstellen oder Verletzungen aufweisen. Sie sollte nicht blass sein, sondern ihre natürliche Farbe besitzen und glänzen. Die Schuppen sollten möglichst vollständig erhalten sein. Ausnahmen bilden hier Schwarmfische wie Makrele und Hering, die beim Fang die meisten Schuppen verlieren. Die Haut sollte von einem klaren, durchsichtigen Schleim überzogen sein, der keine Fäden ziehen darf.

Fleisch: Das Fleisch von frischem Fisch fühlt sich fest und elastisch an. Durch Druck entstandene Dellen sollten sich gleich wieder glätten.

Flossen: Die Flossen sind frei liegend und nicht verklebt, sie sollten nicht eingerissen oder beschädigt sein.

Kiemen: Bei frischen Fischen sind die Kiemen leuchtend rot. Sie dürfen nicht schleimig oder verklebt sein. Mit zunehmender Lagerdauer verblasst die Farbe. Eine blasse Farbe kann auch auf eine Unterbrechung der Kühlkette hinweisen.

Auf manchen Fischmärkten werden die Fische noch fangfrisch vom Schiff aus verkauft.

Eingeweide: Die Eingeweide sind bei frischem Fisch deutlich zu erkennen und zu unterscheiden. Mit zunehmender Lagerung verschwimmen die Konturen, bis sich die Organe völlig auflösen. Bei ausgenommenen Fischen sollte die Bauchhöhle gut ausgeweidet sein und darf auf keinen Fall unangenehm riechen.

Geruch: Frischer Fisch riecht unaufdringlich und eher neutral. Der typische Fischgeruch kommt erst durch Zersetzungsprozesse zustande und wird mit zunehmender Lagerung immer penetranter. Ein Fisch, der säuerlich, tranig oder gar faulig riecht, darf auf keinen Fall verzehrt werden!

Haltbarkeit und Lagerung

Am besten ist es, wenn Fisch fangfrisch verarbeitet werden kann. Allerdings haben nur die wenigsten Verbraucher tatsächlich dazu Gelegenheit. Die meisten müssen die Ware auf dem Wochenmarkt, im Fachgeschäft oder im Supermarkt kaufen. Frischer Fisch kommt hier in der Regel auf Eis in den Handel und wird so frisch gehalten. Er sollte zu Hause möglichst am selben Tag verarbeitet werden. Fischfilets und Muscheln werden auch häufig unter Schutzatmosphäre verpackt angeboten, wobei auf dem Etikett angegeben ist, wie lange der Fisch bzw. die Muscheln noch im Kühlschrank aufbewahrt werden können. Sollten Sie eine 0°-Zone im Kühlschrank haben, verlängert sich die Haltbarkeit noch um ein bis zwei Tage. Dennoch ist es empfehlenswert frischen Fisch möglichst schnell zu verarbeiten. Räucherfisch kann dagegen länger aufbewahrt werden, eignet sich aber auch wie frischer Fisch zum Einfrieren.

Tiefgefroren lassen sich Magerfische bei –18 °C fünf bis sieben Monate, Fettfische wegen des höheren Fettgehaltes dagegen nur zwei bis vier Monaten lagern. Eingefrorene

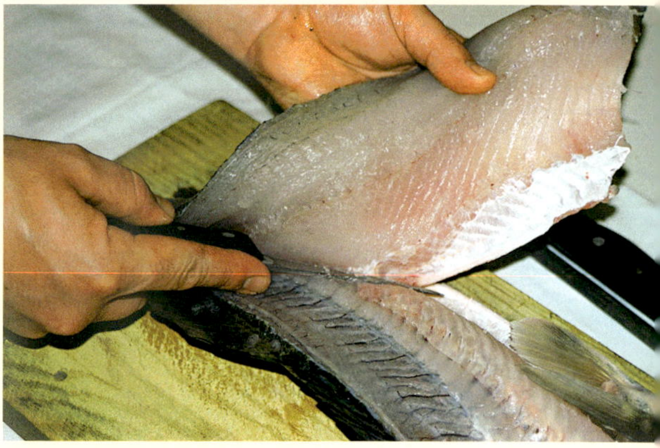

Zum Filetieren wird der Fisch am Rückgrat entlang aufgeschnitten. Beide Filets werden dann mit dem Messer von der Hauptgräte gelöst.

Fischfilets sollten möglichst innerhalb von drei bis fünf Monaten verbraucht werden.

Küchenfertig vorbereiten

Die meisten Fische werden ausgenommen und gesäubert angeboten. Wenn Sie dennoch mal einen Fisch selber ausnehmen müssen, gehen Sie folgendermaßen vor: Öffnen Sie den Bauch mit einem scharfen Messer vom Darmende in Richtung Kiemen. Dann entfernen Sie sämtliche Organe aus der Bauchhöhle und spülen sie gründlich mit Wasser aus.

Die meisten Fische, die mit Haut zubereitet werden, werden geschuppt, was in der Regel vor dem Ausnehmen erfolgt. Hierfür schabt man die Schuppen mit einem Messer oder einem speziellen Fischschupper vom Schwanz in Richtung Kopf mit schnellen Bewegungen

ab. Anschließend wäscht man den Fisch gründlich unter fließendem Wasser.
Ob Rücken-, Bauch- und Brustflossen abgeschnitten werden, hängt von der Art der Zubereitung bzw. des Rezeptes ab. Werden die Fische mit Flossen gegart, erkennt man daran, dass die Flossen sich leicht herausziehen lassen, dass der Fisch gar ist.

Filetieren – ganz einfach

Fische lassen sich problemlos filetieren. Wie man dabei vorgeht, hängt davon ob, es sich um Plattfische oder runde Fische handelt.
Plattfischen wie Scholle und Flunder wird vom Kopf in Richtung Schwanz die Haut abgezogen. Bei Seezungen zieht man die Haut in entgegengesetzter Richtung ab. Dann schneidet man die Fische entlang des Rückgrats von Kopf bis Schwanz ein und löst die Filets mit einem Messer von den Gräten.
Alle anderen Fische werden vor dem Häuten filetiert. Hierfür schneidet man den Fisch am Rückgrat entlang bis zum Kopf ein und löst auf jeder Seite das Filet von den Brustgräten ab. Anschließend wird die Haut vom Schwanzende her mit einem Messer von den Filets gelöst.
Eventuell noch in den Filets zurückgebliebene Gräten lassen sich am besten mit einer Pinzette herausziehen.

Schonendes Garen

Um die hitzeempfindlichen und wasserlöslichen Inhaltsstoffe möglichst zu erhalten, sollte Fisch in wenig Flüssigkeit bei schwacher Hitze gegart werden. Große Fische werden in etwas kaltem Wasser, dem die entsprechenden Gewürze und Zutaten zugegeben werden, aufgesetzt. Dann erhitzt man das Ganze und lässt den Sud nur leicht köcheln. Pro Kilogramm rechnet man mit etwa 15 Minuten Garzeit. Kleine Fische und Filets gibt man in den siedenden Sud, lässt sie einmal aufkochen und anschließend noch einige Minuten garziehen.
Zum Dünsten legen Sie Fisch in eine gefettete Pfanne, geben die gewünschten Gewürze und Kräuter dazu und gießen mit Wein, Gemüse- oder Fischfond auf. Während des Garens sollten größere Fische immer wieder mit dem Fond übergossen werden. Der Fond wird später abgeseiht und ergibt mit Sahne verfeinert eine passende Soße.
Auch beim Grillen oder Braten darf die Temperatur nicht zu hoch sein. Verwenden Sie auch Fett sparsam. Besonders gut eignet sich hier Olivenöl. Es ist sehr ergiebig, muss nicht so stark erhitzt werden, wird nur in geringen Mengen vom Fisch aufgenommen und sorgt für eine feine, knusprige Oberfläche.

Die 3-S-Regel

- *Für die Verarbeitung von Fisch gilt die 3-S-Regel: Säubern, Säuern, Salzen, sofern in den Rezepten nicht andere Empfehlungen gegeben werden.*
- *Säubern: Die Fische werden ausgenommen (wenn noch nicht im Geschäft erfolgt) und in der Regel von Schuppen und Flossen befreit. Dann werden sie unter kaltem Wasser gründlich abgespült. Sie sollten auf keinen Fall im Wasser liegen gelassen werden, da hierdurch wertvolle Inhaltsstoffe verloren gehen.*
- *Säuern: Das Fischfleisch wird mit Zitronensaft oder Essig beträufelt. Die Säure mildert den arteigenen Fischgeruch und würzt gleichzeitig. Sie festigt die Struktur und hellt das Fleisch auf.*
- *Salzen: Zum Schluss wird der Fisch mit Salz bestreut. Da Salz dem Fleisch Wasser entzieht, wird der Fisch erst unmittelbar vor der Zubereitung gesalzen, damit er nicht austrocknet.*

Bratheringe

Zutaten für 10 Stück

10 grüne Heringe
125 g Butter
1 große Zwiebel
3/4 l Weinessig
1/4 l Wasser
4 TL Salz
2 Lorbeerblätter
10 Pfefferkörner
1 TL Zucker

- Die Heringe schuppen, ausnehmen, waschen und mit Küchenkrepp abtrocknen
- Die Köpfe abschneiden
- Die Butter in einer Pfanne erhitzen und die Heringe darin von beiden Seiten goldbraun braten
- Anschließend in eine ausreichend große Schüssel legen
- Die Zwiebel schälen und in Scheiben schneiden
- Die Zwiebelscheiben zusammen mit dem Essig, dem Wasser und den Gewürzen in einen Topf geben und einmal aufkochen lassen
- Vom Herd nehmen und auskühlen lassen, anschließend über die Fische gießen
- Vor dem Verzehr mindestens einen Tag durchziehen lassen
- Wer die Bratheringe länger aufbewahren will, kann sie mit der Marinade in Einmachgläser füllen und sterilisieren.

TIPP

Die Marinade darf nicht heiß über die Heringe gegeben werden, da sonst das Fischfleisch hart wird.

Fischpudding
Helgoländer Art

Zutaten für 4 Personen

2 trockene Brötchen

600 g Filet von Seefisch

3 Eier

100 g weiche Butter

70 g Maismehl

250 g Sahne

1 Zwiebel

4 EL gehackte gemischte Kräuter nach Geschmack (z. B. Dill, Estragon, Petersilie)

150 g Krabben

Salz

Für die Form:

Butter

Semmelbrösel zum Ausstreuen

- Die Brötchen in lauwarmem Wasser einweichen
- Das Filet in Stücke schneiden und mit den ausgedrückten Brötchen durch den Fleischwolf drehen oder sehr fein hacken
- Die Eier trennen
- Die Butter schaumig rühren und mit den Eigelben vermischen
- Das Maismehl mit der Sahne verrühren
- Die Zwiebel schälen und sehr fein zerkleinern
- Alles zusammen mit der Fisch/Brötchenmasse vermischen
- Die Kräuter und die Krabben dazugeben und mit Salz abschmecken
- Die Eiweiß zu steifem Schnee schlagen und unter die Masse ziehen
- Eine Puddingform mit Butter ausfetten und mit Semmelbröseln ausstreuen
- Die Masse einfüllen und im Wasserbad etwa 70 Minuten garen
- Herausnehmen und mindestens 10 Minuten abkühlen lassen
- Dann stürzen und mit grünem Salat servieren.

TIPP

Achten Sie darauf, dass die Puddingform nur zu 3/4 gefüllt wird, da die Masse im Wasserbad stark aufgeht.

Fischsalat mit Obst

Zutaten für 4 bis 6 Personen

200 g Fischfilet von Seefisch (z. B. Seelachs oder Schellfisch)

200 g Krabben

1 Orange

2 Mandarinen

1 Apfel

2 Scheiben frische Ananas

1 Kiwi

100 g Weintrauben (blau und grün)

Für die Soße:

125 g Salatmajonäse

2 EL Zitronensaft

1 TL Meerrettich (aus dem Glas)

1 EL Tomatenketschup

1 EL Kognak

1 Prise Zucker

Salz

frisch gemahlener weißer Pfeffer

Cayenne-Pfeffer nach Geschmack

- Das Fischfilet abspülen und in kochendem Salzwasser in etwa 5 Minuten garen
- Orange und Mandarinen schälen und in Spalten teilen; falls die weißen Häute der Orange sehr fest sind, die Orangenspalten filetieren, also von den Häuten befreien
- Den Apfel schälen, vom Kerngehäuse befreien und in kleine Stücke schneiden
- Die Ananasscheiben ebenfalls in Stücke schneiden
- Die Kiwi schälen, in Scheiben schneiden und diese halbieren
- Die Weintrauben waschen, abtropfen lassen, halbieren und die Kerne entfernen
- Das Fischfilet zerpflücken und mit den Obststücken vermischen
- Die Soße aus den angegebenen Zutaten zubereiten und mit Salz, Pfeffer und Cayenne-Pfeffer abschmecken
- Den Salat auf einer Platte anrichten, mit der Soße überziehen und die Krabben darüber verteilen
- Mit gebuttertem Toast oder Weißbrot servieren.

Tipp

Dieser Salat eignet sich zur Resteverwertung von Fisch und kann je nach Geschmack und Jahreszeit auch mit anderen Obstarten zubereitet werden.

Tipp

Die Krabbenbrote können noch mit je einem Tupfer Majonäse serviert werden.

Friesisches Krabbenbrot

Zutaten für 4 Personen

4 Scheiben Vollkornbrot

Butter zum Bestreichen

200 g Nordseekrabben (gepult)

Saft einer halben Zitrone

4 Eier

1–2 EL Butterschmalz

Salz

- Das Vollkornbrot mit Butter bestreichen und die Krabben auf den 4 Scheiben gleichmäßig verteilen
- Mit dem Zitronensaft beträufeln
- Das Butterschmalz in einer Pfanne erhitzen und darin 4 Spiegeleier ausbacken
- Die Spiegeleier auf die Krabben setzen, etwas salzen und sofort servieren.

Halligfrühstück

Bild rechts

Zutaten für 4 Personen

200 g Nordsee-Krabben (wenn möglich frisch gepult)

1 Becher Crème fraîche (150 g)

3 EL Jogurt

1 TL fein gehackte Zwiebel

1 TL fein gehackter Dill

1 TL fein gehackte Petersilie

Salz

Curry

Worcestersoße

4 hart gekochte Eier

Kresse zum Garnieren

- Die Crème fraîche mit dem Jogurt, den Zwiebelwürfeln und den Kräutern verrühren
- Mit den Gewürzen und der Worcestersoße abschmecken
- Die Hälfte der Krabben mit der Creme vermischen und auf einer Platte verteilen
- Die Eier pellen, halbieren und gleichmäßig am Rand der Krabbenmischung verteilt aufsetzen
- Die restlichen Krabben in die Mitte geben
- Mit Kresse bestreuen und zusammen mit frischem Graubrot und Butter servieren.

Dieses Frühstück wird im Original mit Möweneiern zubereitet.

Geräucherte Forellenfilets
mit Meerrettichsahne

(vom Landfrauenverband Mecklenburg-Vorpommern)

Zutaten für 2 Personen (als Vorspeise für 4 Personen)

350 g Staudensellerie

1 EL Zitronensaft

2 geräucherte Forellen

1/8 l Sahne

40 g frisch geriebener Meerrettich

1 Prise Salz

1 Prise Zucker

1 unbehandelte Zitrone

- Den Staudensellerie waschen, in Stangen teilen, die Wurzelenden abschneiden und das Blattgrün entfernen
- Die Selleriestangen in streichholzdünne Streifen schneiden, flach auf eine Platte legen und mit Zitronensaft beträufeln
- Die Forellen häuten, filetieren und die Filets sternförmig auf den Sellerie legen
- Die Sahne sehr steif schlagen, mit dem Meerrettich vermischen und mit Salz und Zucker abschmecken
- Die Meerrettichsahne in einen Spritzbeutel geben und dekorativ auf die Forellenfilets spritzen
- Die Zitrone in dünne Scheiben schneiden und die Forellenfilets damit garnieren
- Dazu passt frisches Weißbrot oder Toast.

TIPP

Wenn Sie die Forellen nicht ganz frisch aus dem Räucherofen bekommen, sondern schon im Kühlschrank aufbewahrt haben, erwärmen Sie die Filets ganz leicht, dann entfalten sie ihr Aroma am besten.

Gesulzte Lachsforelle

(von Barbara Rias-Bucher)

Zutaten für 4 Personen

1 küchenfertige, frische Lachsforelle (ca. 800 g)

1 Bd Suppengrün

1 kleine Zwiebel

50 g Salz

3 EL Essig

2 Zitronenscheiben

1 Päckchen Fischgewürz

1 dünne Stange Lauch

1 Möhre

1 rote Zwiebel

Saft und etwas abgeriebene Schale von 1 unbehandelten Zitrone

schwarzer Pfeffer

1/2 Bd Dill

- Den Fisch innen und außen kalt abspülen
- Das Suppengrün putzen und waschen, die Zwiebel abziehen
- Beide Zutaten grob zerkleinern und mit 2 l Wasser, Salz, Essig, Zitronenscheiben und Fischgewürz in einem großen Topf aufkochen
- Die Lachsforelle in den Sud legen und im offenen Topf bei mittlerer Hitze langsam zum Sieden bringen, bis im Sud kleine Bläschen aufsteigen
- Fisch im halb geschlossenen Topf in etwa 30 Minuten gar ziehen lassen, dabei darauf achten, dass der Sud nur perlt, nicht sprudelt
- Lachsforelle herausnehmen und lauwarm abkühlen lassen
- Inzwischen den Sud durch ein Sieb gießen und wieder in den Topf geben
- Lauch putzen, waschen und in Ringe schneiden, dabei die saftigen grünen Blätter mitverwenden
- Möhre schälen und in dünne Scheiben schneiden
- Gemüse im Sud etwa 2 Minuten sprudelnd kochen lassen, bis es gerade eben weich ist, dann mit einem Schaumlöffel herausnehmen
- Die Lachsforelle filetieren, dabei Haut und Gräten entfernen
- Filets in mundgerechte Stücke teilen
- Die Zwiebel abziehen und in dünne Ringe schneiden
- Fischstücke und Zwiebelringe in eine tiefe Platte legen und Lauch und Möhre darüber verteilen
- Etwa 200 ml Fischsud abmessen, mit Zitronensaft, Zitronenschale und reichlich Pfeffer aus der Mühle zur Marinade verrühren und über den Fisch gießen
- Lachsforelle zugedeckt im Kühlschrank mindestens 12 Stunden ziehen lassen

- Unmittelbar vor dem Servieren eventuell mit Salz nachwürzen
- Dill waschen, trockentupfen, fein zerkleinern und darüber streuen
- Mit Schwarzbrot oder Weißbrot und Butter servieren.

In der alten bayerischen Bürgerküche war gesulzter Fisch Vorspeise, oft als Resteverwertung von „blau" gekochtem Karpfen, Saibling, Zander oder Wels. Daher auch der Name des Gerichts. Aufgrund des hohen Eiweißanteils ist die Fischbrühe für die Marinade nach dem Abkühlen so dick wie Aspik, bayerisch „Sulz".

Tipp
Mit Graubrot und Butter ist das Heringsheckerle eine leckere Zwischenmahlzeit.

Heringsheckerle

Bild rechts

(vom Landfrauenverband Mecklenburg-Vorpommern)

Zutaten für 4 Personen

4 Salzheringe
2 Äpfel
2 hart gekochte Eier
1 saure Gurke
1 Zwiebel
2 EL Pflanzenöl
2 EL Zitronensaft

- Die Heringe einen Tag lang wässern, anschließend abtropfen lassen, abtrocknen, filetieren und in kleine Stücke schneiden
- Die Äpfel schälen, vom Kerngehäuse befreien und in kleine Würfel schneiden
- Die Eier pellen und in Würfel schneiden
- Die saure Gurke ebenfalls in kleine Würfel schneiden
- Die Zwiebel schälen und fein hacken
- Alle Zutaten gut vermischen
- Das Öl mit dem Zitronensaft verrühren und darüber träufeln
- Das Heckerle in einem zugedeckten Gefäß im Kühlschrank über Nacht durchziehen lassen.

Kieler Sprottenbrot

Zutaten für 4 Personen

4 große Scheiben Weißbrot
Butter zum Bestreichen
4 große Scheiben Tilsiter-Käse
4 Tomaten
4 Sprotten
2 Zwiebeln
weißer Pfeffer

- Die Brotscheiben rösten und mit Butter bestreichen
- Die Käsescheiben auflegen und die Brote diagonal durchschneiden
- Mit etwas Pfeffer bestreuen
- Die Tomaten waschen, abtrocknen und den Stielansatz entfernen
- Die Tomaten in Scheiben schneiden und damit die Brote belegen
- Die Sprotten enthäuten und in Filets teilen
- Auf jede Brothälfte ein Filet legen
- Die Zwiebeln schälen, in dünne Ringe schneiden und damit die Brote garnieren.

Matjes
in Aquavit-Marinade

Zutaten für 4 Personen

8 Matjesfilets
2 rote Zwiebeln
4 kleine Lorbeerblätter
1/4 l Wasser
1/4 l Weißweinessig
1/4 l trockener Rotwein
3 EL Zucker
1 TL weiße Pfefferkörner
1 TL gelbe Senfkörner
6 Wacholderbeeren
2 Gewürznelken
4 cl Aquavit

- Die Matjesfilets mit Wasser abspülen, trockentupfen und in 3 cm breite Stücke schneiden
- Die Zwiebeln schälen und in Ringe schneiden
- Matjes und Zwiebeln mit den Lorbeerblättern in ein Gefäß schichten
- Wasser mit Essig, Wein, Zucker und den Gewürzen erhitzen, aber nicht aufkochen, und 10 Minuten ziehen lassen
- Den Sud mit dem Aquavit vermischen und über die Filets gießen
- Mit Folie abgedeckt im Kühlschrank 24 Stunden ziehen lassen
- Mindestens eine halbe Stunde vor dem Servieren herausnehmen
- Dazu schmecken Bratkartoffeln oder Vollkornbrot mit Butter.

Ursprünglich stammt dieses Rezept von unseren dänischen Nachbarn, aber bei den „Nordlichtern“ in Deutschland ist es ebenso beliebt.

Matjesfilet
nach Hausfrauenart

(vom Landfrauenverband Mecklenburg-Vorpommern)

Zutaten für 4 Personen

4 Matjesheringe
100 g Majonäse
100 ml saure Sahne
1 Lorbeerblatt
6 Pimentkörner
1 Prise Salz
1 Prise Zucker
1 Msp frisch gemahlener weißer Pfeffer
2 Zwiebeln
2 Gewürzgurken
2 säuerliche Äpfel
1 Bd Dill

- Die Matjesheringe filetieren, in Stücke schneiden und 30 Minuten wässern
- Inzwischen die Majonäse mit der sauren Sahne verrühren
- Lorbeerblatt und Pimentkörner hinzufügen, mit Salz, Zucker und Pfeffer abschmecken
- Die Zwiebeln schälen und in Ringe schneiden
- Die Gewürzgurken klein würfeln
- Die Äpfel schälen, vom Kerngehäuse befreien und in kleine Scheiben schneiden
- Die Sahnemajonäse mit Gurkenstückchen, Zwiebelringen und Apfelscheiben vermischen
- Den Dill waschen, abtropfen lassen, zerkleinern und untermischen
- Die Matjesfilets aus dem Wasser nehmen, trockentupfen, in die Soße geben und mit Dill oder Zwiebelringen garniert servieren.

TIPP

Zu diesem Gericht passen gut Pellkartoffeln.

Matjesfilet
süß-sauer eingelegt

Zutaten für 4 Personen

8 große Matjesfilets
1/2 l Weinessig
200 g Zucker
16 Pfefferkörner
16 Wacholderbeeren
2 gestrichene EL Senfkörner
4 Lorbeerblätter
2 Zwiebeln

- Die Matjesfilets unter kaltem Wasser gut abspülen und anschließend trockentupfen
- In ein Gefäß mit Deckel legen
- Den Essig mit dem Zucker unter Rühren aufkochen, so dass sich der Zucker vollständig löst
- Abkühlen lassen
- Die Gewürze über den Filetstücken verteilen
- Den abgekühlten Sud darüber gießen und das Ganze zugedeckt an einem kühlen Ort zwei bis drei Tage durchziehen lassen
- Vor dem Servieren die Filets aus der Marinade nehmen und in mundgerechte Stücke schneiden
- Etwas von der Marinade durch ein Sieb gießen und wieder über die Matjesfilets gießen
- Die Zwiebeln schälen, in dünne Ringe schneiden und die Filetstücke damit garnieren.

Tipp

Dieses nordische Rezept ist ideal für ein Partybuffet geeignet, da es sich schon Tage vorher vorbereiten lässt. Eventuell übrig gebliebene Reste eignen sich hervorragend dazu, am nächsten Morgen den „Kater“ zu vertreiben.

Rheinischer Heringssalat

(von Marlies Wiemer)

Zutaten für 4 Personen

4 Matjesfilets
2 Boskop-Äpfel
1 Zwiebel
2 hart gekochte Eier
300 g gekochte Kartoffeln
150 g gekochte Rote Bete
150 g gekochtes Rind- oder Kalbfleisch
2 Gewürzgurken
50 g Walnusskerne
50 g Salatmajonäse
250 g saure Sahne
Zucker
Salz
Pfeffer
1–2 EL Essig
1 Bd Petersilie

- Die Heringsfilets gründlich mit Wasser abspülen, trockentupfen und in feine Würfel schneiden
- Die Äpfel schälen, vom Kerngehäuse befreien und in kleine Würfel schneiden
- Die Zwiebel schälen und ebenfalls fein würfeln
- Die Eier pellen
- Kartoffeln, Rote Bete, das Fleisch, die Eier und die Gewürzgurken in gleich große, feine Würfel schneiden
- Die Walnusskerne fein hacken
- Die Majonäse mit der sauren Sahne vermischen und mit Zucker, Salz, Pfeffer und Essig abschmecken
- Alle Zutaten mit der Soße vermischen
- Einige Stunden durchziehen lassen
- Die Petersilie waschen, trockenschütteln und fein hacken
- Vor dem Servieren über den Salat streuen.

In vielen Regionen Deutschlands gibt es Rezepte für Heringssalat, die sich manchmal nur durch wenige Zutaten unterscheiden. Das Besondere an diesem Rezept sind die Kartoffeln, das Fleisch und die Rote Bete, die den Salat besonders gehaltvoll machen.

Schellfischsalat

Zutaten für 4 Personen

500 g küchenfertiger Schellfisch

Saft von einer Zitrone

1 Lorbeerblatt

5 Pfefferkörner

100 g Räucherlachs

2 hart gekochte Eier

1 Zwiebel

2 Tomaten

1 Gewürzgurke

2 EL Essig

3 EL Öl

1 TL Senf

1 Prise Zucker

Salz

weißer Pfeffer

- Den Schellfisch in etwas Wasser mit Zitronensaft, Lorbeerblatt und Pfefferkörnern in etwa 20 Minuten bei milder Hitze garen
- Herausnehmen, abkühlen lassen und in gleich große Stücke zerpflücken
- Den Räucherlachs in feine Streifen schneiden
- Die Eier pellen und in Scheiben schneiden
- Die Zwiebel schälen und fein hacken
- Die Tomaten waschen, abtrocknen und in dünne Scheiben schneiden
- Die Gewürzgurke fein würfeln
- Alle Zutaten vorsichtig miteinander vermischen
- Aus Essig, Öl, Senf, Zucker, Salz und Pfeffer eine Salatsoße zubereiten und vorsichtig unter den Salat ziehen
- Auf Salatblättern angerichtet servieren.

Tipp

Die Zutaten für diesen Salat lassen sich nach Belieben variieren. So kann man auch Champignons und bissfest gekochte Blumenkohlröschen statt Tomaten und Gewürzgurken verwenden.

Aalsuppe

(vom Landfrauenverband Mecklenburg-Vorpommern)

Zutaten für 6 Personen

750 g küchenfertiger, frischer Aal
3/4 l Wasser
1 unbehandelte Zitrone
1/2 TL Salz
1/2 l trockener Weißwein
2 EL Butter
1 EL Mehl
2 EL Kapern
1 EL gehackte Petersilie
weißer Pfeffer
1 Msp Zucker
1 EL Zitronensaft
2 Eigelb
1/8 l Sahne

- Den Aal gründlich waschen und in Stücke schneiden
- Das Wasser mit dem Salz und dem Aal zum Kochen bringen und 15 Minuten im offenen Topf kochen lassen
- Die Zitrone waschen und in Scheiben schneiden
- Den Wein und die Hälfte der in Scheiben geschnittenen Zitrone dazugeben
- Alles noch mal 5 Minuten köcheln lassen
- Die Aalstücke aus dem Sud nehmen, von den Gräten befreien und warm stellen
- Den Sud durch ein Sieb gießen
- Die Butter schmelzen, das Mehl hinzugeben, anschwitzen und mit dem Sud nach und nach auffüllen, bis eine sämige Suppe entsteht
- Kapern und Petersilie einrühren und mit den Gewürzen und dem Zitronensaft abschmecken
- Die Eigelbe mit der Sahne verquirlen und die Suppe damit legieren
- Die Aalstücke und die restlichen Zitronenscheiben in die Suppe geben
- Die Suppe nicht mehr kochen lassen, aber sehr heiß servieren.

Legieren ist das Andicken einer Suppe mit verquirltem Eigelb. Hierbei muss man darauf achten, dass die Suppe nicht mehr aufkocht, da sonst das Eigelb gerinnen würde.

Fischmaultaschen
in Fischbrühe

(von Doris Bopp)

Zutaten für 4 Personen

Für die Fischbrühe:

1 kg Fischabschnitte und Karkassen (Flossen, Gräten, Köpfe ohne Kiemen)

2 Möhren

1/2 Stange Lauch

1 große Zwiebel

2 Zitronenscheiben

5 Wacholderbeeren

2 Salbeiblätter

2 Stängel Petersilie

100 ml Weißwein

Salz

1 Prise Zucker

Für die Fischmaultaschen:

Für den Teig:

125 g Mehl

1 Ei

1–2 EL Wasser

Zubereitung der Fischbrühe:

- Fischabschnitte und Karkassen gut waschen
- Möhren putzen und in Stücke teilen
- Lauch waschen und in Scheiben schneiden
- Zwiebel waschen und vierteln
- Fischabschnitte, Karkassen und Gemüse in 2 l kaltes, leicht gesalzenes Wasser geben
- Kräuter, Zitronenscheiben, Gewürze und Wein hinzufügen
- Alles zum Kochen bringen und 20 Minuten leicht köcheln lassen
- Brühe abseihen und warm stellen

Zubereitung der Fischmaultaschen:

- Das Ei mit dem Wasser gut verquirlen
- Mehl nach und nach zugeben und gut durchkneten; der Teig sollte glatt und zart sein
- Abgedeckt etwa 20 Minuten ruhen lassen
- Für die Fülle müssen alle Zutaten gut gekühlt sein
- Fischfilets in Würfel schneiden und kalt stellen
- Einige Fischstücke in den Mixer geben und mit etwas Eiweiß und Sahne zu einer glatten Masse verarbeiten
- Den restlichen Fisch ebenso portionsweise verarbeiten; die Fischmasse muss glatt und glänzend sein
- Mit Salz, Pfeffer und Zitronensaft würzen
- Den Teig zu Streifen von 12 bis 15 cm Breite ausrollen
- Die Fülle auf den Teigstreifen verteilen, dabei die Ränder frei lassen
- Ränder mit Eiweiß oder Wasser bestreichen

- Die seitlichen Ränder der langen Seite über die Fülle schlagen und die Teigstreifen flach aufrollen
- Mit einem Rührlöffelstiel kleine, schräge Maultaschen abteilen
- In den Vertiefungen durch Rädeln oder mit einem scharfen Messer durchschneiden
- In leicht gesalzenem, kochendem Wasser etwa 10 Minuten gar ziehen lassen
- In der heißen Fischbrühe servieren.

Für die Fülle:

300 g Fischfilet (Forelle, Lachs, Zander)

2 Eiweiß

150 ml Sahne

2 EL Zitronensaft

Salz, Pfeffer

1 Eiweiß oder Wasser zum Bestreichen

Fischpichelsteiner

(von Doris Bopp)

Zutaten für 4 Personen

600 g Seelachsfilet
3 EL Zitronensaft
1 Zwiebel
2 Möhren
1/2 Sellerieknolle
500 g Kartoffeln
2 Stangen Lauch
40 g Öl
Salz
Paprikapulver
300 ml Brühe
gehackte Petersilie

- Fischfilets in mundgerechte Stücke teilen und mit Zitronensaft beträufeln
- Zwiebel schälen und fein hacken
- Möhren, Sellerie und Kartoffeln waschen, schälen und in Scheiben schneiden
- Lauchstangen halbieren, waschen und in Scheiben schneiden
- Öl in einem Topf erhitzen und die Zwiebelwürfel darin anbraten
- Aus dem Topf nehmen
- Gemüse, Kartoffeln und Zwiebeln lagenweise in den Topf einschichten, dabei leicht salzen und mit Paprika bestreuen; die oberste Lage sollten Kartoffelscheiben sein
- Brühe angießen und bei mäßiger Hitze 20 Minuten garen
- Fischstücke zugeben, leicht salzen und in weiteren 10 Minuten fertig garen
- Mit gehackter Petersilie bestreut servieren.

Fischrahmsuppe

Zutaten für 4 Personen

750 g küchenfertiger Schellfisch (oder anderer Seefisch)

200 g Möhren

1 rote Gemüsepaprika

1 Zwiebel

1 l Wasser

1 Prise Zucker

1–2 EL fein gehackter Dill

150 g Crème fraîche

100 g Tiefseegarnelen (küchenfertig ohne Kopf und Schale)

2 EL Kognak

Salz

Pfeffer

- Die Möhren und die Paprika putzen und klein schneiden
- Die Zwiebel schälen und fein würfeln
- Das Wasser erhitzen, 1 EL Salz, 1 Prise Zucker und Dill hineingeben und Möhren, Paprika und Zwiebel darin 20 Minuten kochen
- Den Fisch abspülen und trockentupfen
- Das Gemüse mit einem Schaumlöffel herausnehmen
- Den Fisch in die Brühe geben und etwa 15 Minuten gar ziehen lassen
- Anschließend herausnehmen, enthäuten und vorsichtig in nicht zu kleine Stücke zerpflücken
- Die Brühe durch ein Sieb gießen, das Gemüse wieder hineingeben und alles fein pürieren
- Die Crème fraîche einrühren
- Die Fischstücke und die Tiefseegarnelen hinzufügen und warm werden lassen
- Den Kognak einrühren und die Suppe mit Salz und Pfeffer abschmecken.

Tipp

Statt Garnelen können Sie auch in Scheiben geschnittene Jakobsmuscheln dazugeben, die Sie in der Brühe gar ziehen lassen.

Friesentopf

Zutaten für 4 Personen

250 g Seefischfilet
125 g Krabben, gepult
1 Dose Muscheln (Abtropfgewicht ca. 330 g)
1 kleine Dose Tomaten (Füllmenge 400 g)
2 Zwiebeln
1 Bd Suppengrün
3/4 l Brühe
3 EL Öl
2 EL Weißwein
1–2 EL Paprikapulver
Salz
Pfeffer
2–3 EL gehackte Kräuter (Petersilie, Schnittlauch und Dill)

- Die Zwiebeln schälen und klein schneiden
- Das Suppengrün putzen und ebenfalls klein schneiden
- Das Öl erhitzen und Zwiebeln und Suppengrün darin andünsten
- Mit der Brühe aufgießen und aufkochen
- Den Fisch in mundgerechte Stücke schneiden
- Krabben und Muscheln abtropfen lassen
- Fisch, Krabben und Muscheln in die Brühe geben und 10 bis 15 Minuten bei mittlerer Hitze garen
- Die Tomaten abtropfen lassen und in Stücke schneiden
- Gegen Ende der Kochzeit in die Suppe geben
- Mit dem Weißwein und den Gewürzen abschmecken
- Mit den gehackten Kräutern bestreut servieren.

TIPP

Dazu passt frisches Knoblauchbaguette.

Als Fisch sind Kabeljau, Dorsch (der „junge" Kabeljau), Schellfisch oder Seelachs geeignet. Da Dorsch und Schellfisch sehr zartes Fleisch haben, sollte dieses erst etwas später in die Suppe gegeben werden, damit es nicht zerfällt.

Hamburger Aalsuppe
mit Schwemmklößchen

(von Doris Bopp)

Zutaten für 4 Personen

150 g Backpflaumen
150 g getrocknete Apfelringe
1 Schinkenknochen (500 g)
2 Möhren
1/4 Sellerieknolle
1/2 Stange Lauch
1 Petersilienwurzel
1/2 Bd Petersilie
1 TL Salbei
1 TL Thymian
1 TL Basilikum
5 Pfefferkörner
1/4 l Weißweinessig
2 Schalotten
500 g küchenfertiger Aal
1/4 l Weißwein
Schale von 1 unbehandelten Zitrone
1 EL Zucker
40 g weiche Butter
1 EL Mehl
Salz
Pfeffer

- Backpflaumen und Apfelringe über Nacht in ½ l Wasser einweichen
- Schinkenknochen in 1½ l Wasser geben und knapp 2 Stunden leicht kochen lassen
- Möhren, Sellerie, Lauch und Petersilienwurzel putzen und in Stücke schneiden
- Kräuter waschen und hacken
- Gemüse und Kräuter nach 1½ Stunden Kochzeit zum Schinkenknochen geben und alles zusammen noch ½ Stunde kochen lassen
- Knochen aus dem Sud entfernen
- ¼ l Wasser mit dem Weinessig, den geschälten Schalotten, Salz und Pfefferkörnern zum Kochen bringen
- Den Aal häuten, in etwa 4 cm lange Stücke schneiden und in etwa 15 Minuten im Sud gar ziehen lassen; Aalstücke aus dem Sud nehmen
- In einem Topf Weißwein, Zitronenschale und Zucker aufkochen
- Das eingeweichte Obst bei mittlerer Hitze 20 Minuten darin kochen
- Butter und Mehl verkneten, unter Rühren in die heiße Schinkenbrühe geben und etwa 5 Minuten kochen lassen
- Mit Salz und Pfeffer abschmecken
- Für die Schwemmklößchen Milch, Salz, geriebene Muskatnuss und Butter in einem Topf aufkochen lassen, dann den Topf vom Herd nehmen
- Mehl auf einmal zugeben und zu einem Kloß abrühren
- Erst ein Ei unter die heiße Masse rühren, dann das zweite dazugeben und zu einem glatten Teig schlagen

- Mit zwei Teelöffeln Klößchen aus dem Teig abstechen und in der Schinkenbrühe etwa 10 Minuten gar ziehen lassen
- In eine Terrine erst das Obst mit Sud, dann die Schinkenbrühe mit Gemüse und Schwemmklößchen und zum Schluss die Aalstücke geben.

Dieses typische Landesgericht, in dem sich Süßes und Pikantes harmonisch miteinander vereinen, ist ein Genuss für Feinschmecker.

Für die Schwemmklößchen:

1/4 l Milch

Salz

40 g Butter

125 g Mehl

2 Eier

Muskatnuss

Rheinische Fischrahmsuppe

(von Marlies Wiemer)

Zutaten für 6 Personen

750 g küchenfertiger Seefisch (verschiedene Sorten)
1 1/2 l Wasser
4 Zwiebeln
2 Knoblauchzehen
3 EL Olivenöl
2 TL Salz
1 Stange Lauch
4 Kartoffeln
3 Möhren
1 Dose Tomaten (400 g)
1 Prise Pfeffer
1 Lorbeerblatt
1 Zweig frischer Thymian
1 1/2 kg Miesmuscheln
150 g Krabben
1/8 l Weißwein
4 EL Crème fraîche
1 Prise Pfeffer
1 Prise Zucker
Dill zum Garnieren

- Den Fisch waschen und in dem Wasser 15 Minuten kochen
- Dann den Sud durch ein Haarsieb gießen
- Die Zwiebeln und den Knoblauch schälen und fein würfeln
- In heißem Olivenöl glasig dünsten
- Den Fischsud angießen und das Salz dazugeben
- Den Lauch putzen und in Streifen schneiden
- Die Kartoffeln schälen und fein würfeln
- Die Möhren putzen und ebenfalls fein würfeln
- Zusammen mit den Tomaten und den Gewürzen zu der Suppe geben und alles 25 Minuten gar ziehen lassen
- Anschließend Lorbeerblatt und Thymianzweig entfernen und die Suppe pürieren
- Die Muscheln gründlich waschen und in einem großen Topf (damit sie Platz zum Öffnen haben) mit etwas Wasser aufkochen
- 5 bis 7 Minuten kochen lassen, dabei den Topf immer wieder kräftig schütteln, damit die Muscheln gleichmäßig gar werden
- Das Muschelfleisch heraustrennen und mit den Krabben und dem gegarten Fisch zur Suppe geben
- Den Wein angießen, die Crème fraîche einrühren und mit Pfeffer und Zucker abschmecken
- Mit frischem Dill garnieren.

TIPP

Dazu passt sehr gut Olivenbrot.

Seelachssuppe
mit Fenchel

Zutaten für 4 Personen

400 g Seelachsfilet
Saft einer Zitrone
1 kg Fenchel
2 Zwiebeln
2 Knoblauchzehen
20 g Butter
1 l Brühe (entweder Fischbrühe, siehe Seite 42, oder Gemüsebrühe)
2 Becher Crème fraîche à 150 g
200 ml trockener Weißwein
Salz
Pfeffer
Petersilie zum Garnieren

- Das Seelachsfilet abspülen, trockentupfen und in Würfel schneiden
- In eine Schüssel legen, mit Zitronensaft beträufeln und kühl stellen
- Die Fenchelknollen vierteln, den Strunk entfernen
- Das Fenchelgrün abschneiden und die zarten Triebe zur Seite legen
- Den Fenchel gründlich waschen und in Stücke schneiden
- Die Zwiebeln und den Knoblauch schälen und klein schneiden
- Zwiebel- und Knoblauchwürfel in der Butter anschwitzen, anschließend den Fenchel hinzufügen
- Die Brühe angießen und etwa 25 Minuten kochen lassen
- Anschließend die Suppe pürieren und die Crème fraîche unterrühren
- Den Wein dazugießen und die Suppe mit Salz und Pfeffer abschmecken
- Noch einmal aufkochen und vom Herd nehmen
- Die Seelachsstücke mit dem Zitronensaft in die Suppe geben und darin noch 5 Minuten ziehen lassen
- Mit Fenchelgrün und fein gehackter Petersilie garniert servieren.

Aufgrund seines schwarz gefärbten Mauls wird der Seelachs auch Köhler genannt. Er ist in der Nordsee beheimatet und wegen seines mageren Fleisches ein beliebter Speisefisch. Er kommt hauptsächlich als Filet oder zu Fischstäbchen verarbeitet auf den Markt.

Aal in Kapern-Kräutersoße

(von Barbara Rias-Bucher)

Zutaten für 4 Personen

800 g küchenfertiger frischer Aal

2 EL Kräuteressig

1/8 l trockener Weißwein

1/4 l Fleisch- oder Gemüsebrühe

2 kleine Zwiebeln

1 großes Stück unbehandelte Zitronenschale

3 Zweige Bohnenkraut

1 EL Olivenöl

1/2 EL Butterschmalz

1 EL Mehl

2 EL Schmant

1 EL fein zerkleinerte Petersilie

1 EL kleine Kapern

Salz

weißer Pfeffer

geriebene Muskatnuss

evtl. Zitronensaft nach Belieben

- Aal in etwa 4 cm lange Stücke schneiden
- In einer Schüssel mit Essig und Wein übergießen und zugedeckt 30 Minuten ziehen lassen
- Abgießen, die Marinade auffangen und mit der Brühe mischen
- Die Zwiebeln schälen und fein zerkleinern
- Die Zitronenschale in hauchfeine Streifen schneiden
- Das Bohnenkraut waschen und trockentupfen, die Blättchen von den harten Stielen streifen
- Öl und Butterschmalz in einem Topf erhitzen, die Zwiebeln darin glasig braten, das Mehl zugeben und goldgelb rösten
- Die Brühemischung unter Rühren zugießen und aufkochen, bis die Soße glatt ist
- 5 Minuten köcheln lassen
- Die Aalstücke, Zitronenschale und Bohnenkraut in die Soße geben
- Einmal aufkochen und zugedeckt bei schwacher bis mittlerer Hitze knapp unter dem Siedepunkt 20 Minuten garen
- Schmant, Petersilie und Kapern untermischen
- Den Aal mit Salz, Pfeffer, Muskat und eventuell noch Zitronensaft abschmecken
- Mit Kartoffelbrei und grünem Salat servieren.

Typisch bayerisch an diesem Rezept sind Zitronenschale und Muskat; in Originalrezepten des 19. Jahrhunderts nehmen die Köchinnen sogar teure Muskatblüte mit ihrem feinen Aroma.

Aal grün
nach Berliner Art

Zutaten für 4 Personen

800 g küchenfertiger frischer Aal

1 l Wasser

2 Zwiebeln

1 Petersilienwurzel

1 Lorbeerblatt

1 TL Gewürz- und Pfefferkörner

1 Bd Petersilie

1 Kräuterbündel bestehend aus Dill, Salbei und Estragon

1 EL Salz

Für die Soße:

40 g Butter

30 g Mehl

100 ml Sahne

1 EL gehackter Dill

1 EL gehackte Petersilie

Saft einer halben Zitrone

Salz

- Die Haut vom Aal abziehen (falls noch nicht geschehen), das Fleisch gut waschen, abtropfen lassen und in fingerlange Stücke schneiden
- Die Zwiebeln schälen und klein schneiden
- Die Petersilienwurzel putzen und in Stücke schneiden
- Das Wasser zusammen mit Zwiebeln, Petersilienwurzel, Gewürzen, Salz und dem Kräuterbündel aufkochen und 10 Minuten kochen lassen
- Die Aalstücke in den Sud geben und auf kleiner Flamme 15 Minuten köcheln lassen
- In der Zwischenzeit die Butter erhitzen und mit dem Mehl eine Mehlschwitze zubereiten
- Die Aalbrühe abseihen und davon ¾ l zur Mehlschwitze geben
- Die Sahne hinzufügen und unter Rühren zu einer sämigen Soße einkochen
- Mit Salz und Zitronensaft abschmecken
- Zum Schluss Dill und Petersilie einrühren
- Die Aalstücke gut abtropfen lassen und mit der Soße übergossen servieren
- Dazu passen Salzkartoffeln und Gurkensalat.

„Aal jrün“ – wie der Berliner sagt – ist wie der Rollmops auch ein typisch berlinerisches Rezept und wird traditionell immer mit Gurkensalat serviert.

Bodensee-Felchen
mit Wein-Sahne-Soße

(von Claudia Daiber)

Zutaten für 4 Personen

800 g Felchenfilets
2 EL Zitronensaft
Salz
weißer Pfeffer
einige Zweige Dill
1/2 Bd glatte Petersilie
2 EL Butter
100 ml trockener Weißwein
100 ml halbtrockener Sherry
100 g Sahne

- Die Felchenfilets unter fließendem Wasser abbrausen, trockentupfen und mit Zitronensaft, Salz und Pfeffer würzen
- Die Kräuter waschen, trockenschütteln und ohne die groben Stiele fein hacken
- Den Backofen auf 100 °C vorheizen
- Die Butter in einer Pfanne zerlassen
- Die Felchenfilets darin von beiden Seiten bei schwacher Hitze insgesamt etwa 5 Minuten goldgelb anbraten
- Die Filets herausnehmen und auf einer Platte im Ofen zugedeckt warm halten
- Den Weißwein, den Sherry und die Sahne in die Pfanne geben und den Bratenfond damit loskochen
- Die Soße durch ein Sieb passieren, wieder in die Pfanne geben und etwas einkochen lassen, bis sie sämig ist
- Die Hälfte der fein gehackten Kräuter in die Soße geben
- Die Felchenfilets auf vorgewärmte Teller verteilen, mit der Soße bedecken und mit den restlichen Kräutern bestreuen.

Tipp

Zu den Felchen passen Salzkartoffeln und Blattspinat. Dazu serviert man natürlich einen trockenen Weißwein aus der Bodensee-Region – gut gekühlt.

Bremer Fischpfanne

Zutaten für 4 Personen

750 g gegartes Kabeljaufilet oder andere Fischreste
750 g gekochte Kartoffeln
100 g Räucherspeck
200 g Zwiebeln
50 g Butter
Salz
Pfeffer
1 Bd Petersilie

- Den kalten Fisch mit zwei Gabeln zerpflücken
- Die Kartoffeln pellen, in dünne Scheiben schneiden und mit Salz und Pfeffer würzen
- Den Speck in kleine Würfel schneiden
- Die Zwiebeln schälen und fein hacken
- Speck und Zwiebeln in der Pfanne goldgelb rösten
- Die Kartoffeln und die Butter dazugeben und alles knusprig ausbraten
- Dann die Fischstücke dazugeben und weitere 15 Minuten braten
- Die Petersilie waschen, trockenschütteln und fein hacken
- Vor dem Servieren über die Fischpfanne streuen.

TIPP

Dieses Rezept eignet sich hervorragend für die Verwertung von Fischresten. Sie dürfen auch von unterschiedlichen Fischarten stammen.

Bunte Gemüsepfanne
mit Tiefseegarnelen

(von Marlies Wiemer)

Zutaten für 4 Personen

je 1 rote und 1 gelbe Paprikaschote
1 rote Zwiebel
3 Riesenchampignons
500 g Brokkoli
2 Kochbeutel Reis
5 EL Kräuteröl
1 kleine Dose Mais
125 g Tiefseegarnelen
Salz
Pfeffer
Knoblauchpulver
100 ml Gemüsebrühe
Dill nach Geschmack

- Die Paprikaschoten waschen, entkernen und in kleine Würfel schneiden
- Die Zwiebel schälen und in feine Ringe schneiden
- Die Champignons putzen und in Scheiben schneiden
- Den Brokkoli putzen, in kleine Röschen teilen und in kochendem Wasser bissfest garen
- Den Reis nach Anleitung kochen
- Das Öl in einem Wok oder einer großen Pfanne erhitzen
- Zwiebelringe, Champignons, Paprika, Mais und Tiefseegarnelen darin anbraten
- Mit Salz, Pfeffer und Knoblauch würzen
- Gemüsebrühe hinzufügen und aufkochen lassen
- Zum Schluss den Brokkoli und den Reis unterheben
- Nach Geschmack vor dem Servieren mit gehacktem Dill bestreuen.

Dorsch
auf Holsteiner Art

Zutaten für 4 Personen

800 g Dorschfilet
Saft von einer Zitrone
1 kleine Zwiebel
2 EL gehackte Petersilie
2 EL gehackter Dill
1 Spritzer Sojasoße
Salz
2–3 EL Öl
8 gegarte Scampis
40 g Butter
Weißwein zum Abschmecken
etwas Butter zum Fetten der Auflaufform

- Den Fisch in 4 dicke Scheiben schneiden, abspülen und trockentupfen
- Die Zwiebel schälen und fein hacken
- Aus dem Zitronensaft, der Zwiebel, den gehackten Kräutern und der Sojasoße eine Marinade bereiten
- Die Fischstücke darin wenden und etwa 1 Stunde ziehen lassen
- Eine Auflaufform mit etwas Butter fetten und die abgetropften Fischstücke hineinlegen
- Etwas salzen und das Öl darüber gießen
- Den Backofen auf 180 °C (Umluft 160 °C, Gas Stufe 2) vorheizen
- Den Fisch darin 25 bis 30 Minuten dünsten
- Den Fisch herausnehmen und den Sud, der sich gebildet hat, in eine Pfanne geben
- Die Butter hinzufügen und schmelzen lassen
- Die Scampis von der Schale befreien und in der Buttersoße schwenken
- Die Scampis aus der Soße nehmen und den Fisch mit den Scampis auf vorgewärmten Tellern anrichten
- Die Soße noch einmal aufkochen und nach Belieben mit Weißwein und Gewürzen abschmecken
- Die Soße getrennt zum Fisch reichen
- Dazu passen Salzkartoffeln und Salat.

Als Dorsch werden die Jungtiere des Kabeljaus bezeichnet, die mit etwa 1 bis 2 kg Gewicht auf den Markt kommen.
Wer es ganz exklusiv möchte, kann statt Scampis auch Hummerschwänze verwenden, die natürlich besonders delikat sind.

Fisch in Buttersoße

(vom Landfrauenverband Mecklenburg-Vorpommern)

Zutaten für 4 Personen

1250 g Fischfilet von Hecht, Schleie und Barsch
1/2 Bd Suppengemüse
1 Zwiebel
150 g Butter
3/4 l Wasser
2 Lorbeerblätter
20 Pfefferkörner
20 Pimentkörner
1/4 l Sahne
2 EL Mehl
Salz

- Die Fischfilets in Stücke schneiden, salzen und eine Stunde stehen lassen
- Das Suppengemüse putzen und zerkleinern
- Die Zwiebel schälen und in Stücke schneiden
- Das Wasser mit dem Suppengemüse, der Zwiebel, den Lorbeerblättern, den Gewürzkörnern und der Butter aufkochen und den Fisch darin 15 bis 20 Minuten garen
- Die Sahne mit dem Mehl verquirlen und einrühren
- Den Fisch mit der Soße servieren
- Hierzu passen am besten Salzkartoffeln.

Je nach Saison und Verfügbarkeit lässt sich das Rezept auch nur mit einer oder zwei dieser Fischarten zubereiten.

TIPP

Wen die Gewürzkörner in der Soße stören, kann die Soße durch ein Sieb streichen und anschließend mit der Sahne und dem Mehl verquirlen.

Hecht und Barsch gehören zu den Raubfischen. Sie besitzen festes, schmackhaftes Fleisch, das bei älteren Tieren allerdings etwas trocken sein kann. Die Schleie zählt zur Familie der Karpfen. Ihr Fleisch ist besonders wohlschmeckend, allerdings besitzt es viele Gräten.

TIPP
Dazu passen am besten Pellkartoffeln und Blattspinat. Wer möchte, kann die zerlassene Butter noch über die Kartoffeln gießen.

Fischpflanzel und Fischklöße
nach Kaufbeurer Art

(von Michael Wolf)

Zutaten für 4 Personen

1 kg Weißfischfilet (z. B. Brasse, Plötz, Barbe)
2–3 trockene Brötchen
2 trockene Brezeln
1/8 l Milch
2–3 Zwiebeln
250 g Butter
2 Knoblauchzehen
1 Bd frische Gartenkräuter
4 Eier
Salz
Pfeffer
1 l Salzwasser oder Bouillon zum Garen
etwas Mehl zum Panieren
1 Dose Sardellen zum Garnieren

- Die Fischfilets durch die feinste Scheibe des Fleischwolfes drehen oder sehr fein hacken
- Die Kruste der Brötchen mit einer Reibe zu Semmelbröseln abreiben
- Das Salz von den Brezeln entfernen
- Die Milch leicht erwärmen und die Brötchenherzen und die Brezeln darin einweichen
- Die Zwiebeln schälen und fein hacken
- 2 EL Butter erhitzen und die Zwiebeln darin goldgelb anschwitzen
- Den Knoblauch schälen und durch die Presse drücken
- Die Kräuter waschen und fein hacken
- Den Fisch, zwei Eier, die Zwiebeln und den ausgedrückten Brötchen/Brezelteig mit 3 bis 4 Esslöffeln Butter, dem Knoblauch und den Kräutern gründlich vermischen
- Mit Salz und Pfeffer abschmecken
- Die Hälfte des Fischteiges in zwölf gleich große Stücke teilen und daraus Kugeln formen
- Das Salzwasser oder die Bouillon aufkochen, dann die Hitze zurückschalten und die Kugeln darin in 10 bis 15 Minuten gar ziehen lassen
- Auf jeweils einen Teller Mehl, zwei verquirlte Eier und die Semmelbrösel geben
- Aus dem restlichen Fischteig acht Pflanzel formen und erst in Mehl, dann in den Eiern und zum Schluss in den Semmelbröseln wälzen
- In der restlichen Butter goldgelb ausbraten
- Die Fischpflanzel und die Klöße auf vorgewärmten Tellern anrichten und mit den Sardellen garnieren.

„Pflanzel" ist der bayerische Ausdruck für Frikadellen. Dieses Rezept eignet sich hervorragend dafür, den eigenen Fang aus einheimischen Süßgewässern zu verarbeiten, auch wenn die Fische mal etwas kleiner ausgefallen sind.

TIPP Die Schleimschicht auf der Haut des Fisches muss intakt sein, sonst färbt sich die Forelle nicht blau.

Forelle blau

Bild rechts

Zutaten für 1 Person

1 küchenfertige Bachforelle
1 l Wasser
4 EL Weißwein
5 EL Essig
3 gehäufte TL Salz
Petersilie und Zitronenschnitze zum Garnieren

- Wasser, Wein, Essig und Salz zum Kochen bringen
- Die Forelle mit dem Kopf voran ins Kochwasser geben; sie muss ganz mit Wasser bedeckt sein
- Erneut aufkochen, dann den Topf vom Herd nehmen und die Forelle in 20 Minuten gar ziehen lassen
- Der Fisch ist gar, wenn sich die Rückenflosse leicht herausziehen lässt
- Mit Petersiliensträußchen und Zitronenschnitzen garniert servieren
- Dazu passen Salzkartoffeln und grüner Salat.

Der kleine Ort Honau am Fuße der Schwäbischen Alb ist bekannt für seine Forellenzucht und seine speziellen Forellengerichte, zum Beispiel in Mandelbutter gebratene Forellenfilets, die zusammen mit „Honauer Kartoffeln", einer besonderen Art von Kartoffel-Gratin, serviert werden.

Forelle Müllerin

Zutaten für 1 Person

1 küchenfertige Bachforelle
Salz
1 EL Zitronensaft
Mehl zum Wälzen
50 g Butter

- Die Forelle von innen salzen, von außen durch den Zitronensaft ziehen
- Anschließend in Mehl wenden und in der Butter goldbraun ausbraten
- Dazu passen Kartoffelsalat oder Rahmkartoffeln und Blattsalat.

TIPP Die „Bäckchen" – das Fleisch direkt unter den Kiemendeckeln – gilt als der beste Teil der ganzen Forelle und wird mit besonderem Genuss verzehrt.

Man kann auch andere Fische auf „Müllerin-Art" zubereiten. Hierbei werden die Fische genauso wie die Forelle behandelt und im Ganzen in Butter ausgebraten.

Forelle in Weißwein

(von Verena Isele)

Zutaten für 4 Personen

2 große oder 4 kleine küchenfertige Forellen
Saft von 2 Zitronen
2 EL Butter
1/2 Bd Petersilie
2 Schalotten
300 g Champignons
1/2 l Weißwein
1/2 l Sahne
etwas Mehl
Salz
Pfeffer

- Forellen gut waschen und trockentupfen
- Eine Kasserolle mit 1 EL Butter gut ausbuttern
- Die Forellen mit Zitronensaft beträufeln, mit Salz und Pfeffer würzen und in die Kasserolle legen
- Schalotten schälen und fein würfeln
- Petersilie waschen und klein schneiden
- Die Forellen mit Schalottenwürfeln und Petersilie bestreuen
- Pilze putzen, klein schneiden und ebenfalls dazugeben
- Wein und Sahne miteinander mischen und darüber gießen
- Ofen auf 160 bis 180 °C (Umluft 140 bis 160 °C, Gas Stufe 3) vorheizen, Kasserolle einschieben und 15 bis 20 Minuten dämpfen
- Die Forellen vorsichtig herausnehmen und auf einer vorgewärmten Platte warm stellen
- Die Soße durch ein Sieb geben
- Die restliche Butter in Mehl wälzen, in die Soße geben und alles aufkochen
- Die Soße über den Fisch gießen und sofort servieren.

Dieses Rezept stammt aus der Pfalz, dem von der Sonne verwöhnten Weinland. Daher darf natürlich der Weißwein bei der Zubereitung nicht fehlen.

TIPP

Weiter südlich in den kalten sauerstoffreichen Seen der Alpen ist der Saibling beheimatet, der auch als Rotforelle oder Ritter bezeichnet wird. Er besitzt außerordentlich delikates Fleisch. Wegen seiner Ähnlichkeit mit der Forelle können alle Forellenrezepte auch mit Saibling zubereitet werden. Größere Exemplare werden wie Lachs zubereitet.

Gebackene Renken

(von Barbara Rias-Bucher)

Zutaten für 4 Personen

2–3 EL Olivenöl

4 küchenfertige, frische Renken (à 300 g)

1/2 unbehandelte Zitrone

1 kleine Zwiebel

4 Wacholderbeeren

1 Bd Petersilie

Salz

weißer Pfeffer

- Den Backofen auf 200 °C (Umluft 180 °C, Gas Stufe 3) vorheizen
- Vier große Bogen extrastarke Alufolie zurechtlegen, in die man die Fische einpacken kann
- Die Folie mit etwas Öl bestreichen
- Die Fische innen und außen kalt abspülen, trockentupfen und mit Salz und Pfeffer würzen
- Die Zitrone in Scheiben schneiden, die Zwiebel schälen und klein würfeln, die Wacholderbeeren mit der Messerklinge zerdrücken
- Die Petersilie waschen, trockentupfen und fein zerkleinern
- Alle diese Zutaten in die Renken füllen
- Die Fische mit dem restlichen Olivenöl beträufeln, einzeln in Alufolie verpacken und auf den Rost in den heißen Backofen (mittlere Schiene) legen
- Etwa 15 Minuten backen
- Mit Kartoffelsalat und Gurkensalat – eventuell gemischt – servieren.

Tipp

Die zarten Renken brauchen Fett zum Garen. Früher hat man dazu ein gutes Stückchen Butter pro Renke genommen, heute leben die Menschen gesundheitsbewusster und verwenden häufig Olivenöl.

Renken, auch Maränen oder Felchen genannt, leben in den Seen des Alpen- und Voralpenlandes. Deshalb bekommt man sie regelmäßig frisch nur in Süddeutschland. Sonst muss man sie beim Händler vorbestellen oder stattdessen Forellen nehmen.

Gebackener Hecht

(von Claudia Daiber)

Zutaten für 4 Personen

1 Hecht von ca. 1–1 1/2 kg, küchenfertig vorbereitet

4 EL Zitronensaft

40 g Butter zum Fetten des Bräters

4 Schalotten

50 g geriebener Parmesan

2 EL grob gemahlene Mandeln

450 g Crème fraîche

Mehl oder Stärkemehl

100 ml Weißwein

Salz

Pfeffer

- Den Hecht innen und außen gründlich waschen und trockentupfen
- Die Bauchflossen entfernen
- Den Fisch innen und außen mit Zitronensaft beträufeln und mit Salz und Pfeffer würzen
- Den Backofen auf 150 °C (Umluft 130 °C, Gas Stufe 2) vorheizen
- Einen großen Bräter mit Butter ausstreichen und den Fisch hineinsetzen
- Die Schalotten schälen und sehr fein hacken
- Mit dem Parmesan, den Mandeln und der Crème fraîche vermengen und den Fisch damit bestreichen
- Den Fisch im Backofen etwa 30 Minuten garen, dabei immer wieder mit Bratenfond beschöpfen
- Der Fisch ist fertig, wenn sich die Rückenflosse leicht herausziehen lässt
- Den fertigen Fisch herausnehmen und filetieren, dann zugedeckt warm stellen
- Den Bratenfond nach Belieben mit etwas Mehl oder Stärkemehl binden, mit Weißwein abschmecken und mit Salz und Pfeffer würzen.

TIPP

Dieses Rezept ist eine badische Spezialität. Dazu passen am besten Salzkartoffeln.

Gefüllte Speckkarpfen
in Butter-Wein-Soße

(von Michael Wolf)

Zutaten für 6–8 Personen

2 Karpfen (jeweils ca. 1 1/2 kg Lebendgewicht)
8–10 Möhren
3 große Zwiebeln
3 Stangen Lauch
2–3 Dosen Champignons (ganze Köpfe)
1 Flasche Portwein
500 g Butter
250 g dünn geschnittener Bauchspeck
400 g saure Sahne
mittelscharfer Senf
Salz
Pfeffer

- Die Karpfen ausnehmen und die Haut abziehen, Köpfe und Flossen nicht entfernen
- Waschen und anschließend abtrocknen
- Die Fische innen und außen salzen und pfeffern, dann innen dick mit Senf einstreichen
- Möhren, Zwiebeln und Lauch putzen bzw. schälen und in Würfel schneiden
- Die Champignons abgießen und abtropfen lassen
- Die Hälfte des Gemüses in die Bauchhöhle der Karpfen füllen
- Die Karpfen aufrecht in einen Bräter stellen und das restliche Gemüse rundherum anordnen, damit die Karpfen nicht umfallen
- Jetzt die Speckscheiben auf die Karpfen legen und mit Zahnstochern fixieren
- Den Portwein angießen
- Den Bräter in den vorgeheizten Backofen (220 °C, Umluft 190 °C, Gas Stufe 4) stellen und aufkochen lassen
- Dann die Temperatur auf 160 °C (Umluft 140 °C, Gas Stufe 2) zurückschalten und die Fische langsam garen
- Zwischendurch mit Butterflöckchen belegen und mit dem Fond begießen
- Nach etwa 90 Minuten sind die Fische gar; das erkennt man daran, dass sich die Flossen leicht entfernen lassen
- Jetzt wieder auf 200 °C (Umluft 180 °C, Gas Stufe 3) hoch schalten und die Grillfunktion dazuschalten, um den Speck zu bräunen
- Dabei vermehrt Butterflöckchen aufsetzen
- Wenn der Speck richtig kross ist, den Bräter aus dem Ofen nehmen und die Karpfen auf einer großen Platte anrichten. Vorsicht, sie fallen leicht auseinander!
- Den Fond durch ein Sieb gießen und das Gemüse warm stellen
- Den Fond mit der sauren Sahne aufkochen, abschmecken und eventuell nachwürzen
- Die Karpfen mit dem Gemüse und der Soße servieren und dazu Salz- oder Petersilienkartoffeln reichen.

TIPP
Wer kein Grill-Fan ist, kann die Sardinen auch in der Pfanne zubereiten.

Gegrillte Sardinen

Zutaten für 4 Personen

8 Sardinen
6 Knoblauchzehen
6 Zweige frischer Thymian
2 Zweige frischer Rosmarin
Saft von 2 Zitronen
100 ml Olivenöl
Salz
Pfeffer

- Sardinen ausnehmen und schuppen, gründlich waschen und mit Küchenkrepp trockentupfen
- Die Knoblauchzehen schälen und ein- bis zweimal durchschneiden
- Die Kräuter waschen und abtropfen lassen
- Zitronensaft, Olivenöl, Knoblauch und Kräuter in einer flachen Schüssel vermischen
- Die Sardinen mindestens 30 Minuten darin marinieren, dabei mehrmals wenden
- Anschließend die Sardinen von beiden Seiten 4 bis 5 Minuten grillen, dabei immer wieder mit der Marinade bepinseln
- Vor dem Servieren mit Salz und Pfeffer bestreuen
- Dazu passen Weißbrot und ein bunter Sommersalat.

Hamburger Fischerspieß

Bild rechts

Zutaten für 4 Personen

12 Riesengarnelen
400 g küchenfertiger, frischer Aal
1 grüne Paprikaschote
1 rote Paprikaschote
1 Gurke
Salz
Pfeffer
Grillgewürz
Öl zum Bestreichen

- Die Riesengarnelen von Kopf und Schalen befreien, auf der Rückenseite aufschneiden und den Darm entfernen
- Den Aal häuten und in etwa 4 cm lange Stücke schneiden
- Die Paprikaschoten waschen, entkernen und in nicht zu kleine Stücke teilen
- Von der Gurke 12 nicht zu dünne Scheiben abschneiden
- Auf vier Spießen alle Zutaten abwechselnd aufziehen
- Mit Salz, Pfeffer und Grillgewürz bestreuen
- Mit Öl bestreichen und über Holzkohle grillen
- Dazu passen Reis und gemischter Salat.

TIPP
Die Spieße lassen sich natürlich auch im Gas- oder Elektrogrill zubereiten.

Heilbutt im Gemüsebett

Zutaten für 4 Personen

4 Kotelettstücke vom Heilbutt à ca. 200 g

Saft von einer halben Zitrone

1 Stange Lauch

3 Zwiebeln

3 Tomaten

150 ml Gemüsebrühe

1 EL Butter

1/8 l Weißwein

200 ml Sahne

Fischgewürz

Pfeffer

- Heilbuttkoteletts abspülen, trockentupfen und mit Zitronensaft beträufeln
- 15 Minuten abgedeckt stehen lassen
- Den Lauch putzen, waschen und in 1 cm dicke Stücke schneiden
- Die Zwiebeln schälen und fein hacken
- Die Tomaten kreuzweise einritzen, überbrühen und häuten, anschließend vierteln und die Kerne herauslösen
- Den Lauch und die Hälfte der Zwiebeln mit der Gemüsebrühe etwa 20 Minuten dünsten
- 3 Minuten vor Ende der Garzeit die Tomatenstücke dazugeben
- Eine flache Kasserolle mit Butter einfetten und die restlichen Zwiebeln darin verteilen
- Die Heilbuttkoteletts nebeneinander darauf legen und mit Fischgewürz und Pfeffer bestreuen
- Den Wein angießen und den Fisch bei mittlerer Hitze zugedeckt etwa 15 Minuten garen
- Das Gemüse auf einem Sieb abtropfen lassen und die Brühe auffangen
- Das Gemüse auf einer Platte verteilen und die Heilbuttstücke darauf anrichten
- Die aufgefangene Gemüsebrühe in den Fischfond mit den Zwiebeln rühren und die Sahne angießen
- Die Soße noch einmal aufkochen und gegebenenfalls etwas reduzieren, damit sie eindickt
- Heiß über den Fisch gießen und das Ganze mit Salzkartoffeln servieren.

Tipp

Statt Lauch kann man auch Stangensellerie verwenden.

Der Heilbutt ist mit bis zu 2 Meter Länge der größte Vertreter der Plattfische. Er lebt vorwiegend im Nordatlantik. Der Schwarze Heilbutt ist etwas kleiner. Er kommt häufig geräuchert auf den Markt.

Heringe vom Rost

(vom Landfrauenverband Mecklenburg-Vorpommern)

Zutaten für 4–6 Personen

1 kg küchenfertige grüne Heringe

2 Eier

Mehl zum Wälzen

1–2 TL Paprikapulver

Salz

Zitronensaft

- Die Heringe säubern, mit Zitronensaft beträufeln und salzen
- Die Eier verquirlen
- Das Mehl mit dem Paprikapulver vermischen
- Die Heringe erst in dem Ei, dann im Mehl wälzen
- Auf dem Grill knusprig braun braten.

TIPP

Dazu passt Kartoffelsalat oder frisches Brot.

Als „grün" bezeichnete Heringe sind frisch und ungesalzen. Heringe galten früher als Arme-Leute-Essen, heute sind sie eine Delikatesse. Der größte Teil der Fänge wird zu Salzhering, Brathering, Rollmops oder eingelegten Filets weiterverarbeitet. Als Bückling bezeichnet man einen ausgenommenen, kalt geräucherten Salzhering.

Jakobsmuscheln gedünstet

Zutaten für 2 Personen (für 4 Personen als Vorspeise)

16 Jakobsmuscheln ohne Schale
4 Schalotten
4 Tomaten
1 Knoblauchzehe
20 g Butter
125 ml trockener Weißwein
1 TL frischer Kerbel, gehackt
1 TL Oregano
Salz
weißer Pfeffer

- Das Fleisch der Jakobsmuscheln in nicht zu dünne Scheiben schneiden
- Die Schalotten schälen und fein würfeln
- Die Tomaten überbrühen, häuten und in Würfel schneiden
- Den Knoblauch schälen und durch die Presse drücken
- Die Butter erhitzen, die Schalotten darin kurz andünsten und anschließend die Muscheln hinzufügen
- Unter ständigem Rühren anbraten, dann die Tomaten und den Knoblauch dazugeben
- Den Weißwein angießen und einkochen lassen
- Zum Schluss die Kräuter hinzufügen und mit Salz und Pfeffer abschmecken
- Hierzu passt gebutterter Toast oder Baguette.

Tipp

Jakobsmuscheln dürfen auf keinen Fall zu lange gegart oder gebraten werden, da dann das Fleisch zäh wird!

Jakobsmuscheln gibt es in fast allen Meeren. Sie werden bei uns in der Regel ohne Schale frisch oder gefroren angeboten. Sollten Sie dennoch einmal frisch gefangene Muscheln in der Schale bekommen, werden sie wie folgt vorbereitet.

Varianten:

Die Muscheln unter fließendem Wasser gut abspülen. Zusammen mit einigen Zwiebelscheiben, Knoblauchzehen und etwas Petersilie in einen großen Topf mit Salzwasser geben. Ein Glas Weißwein angießen, das Ganze aufkochen und die Muscheln für 5 bis 10 Minuten kochen, bis sie sich geöffnet haben. Das Muschelfleisch kann direkt in der dekorativen Schale und mit einer Cocktailsoße serviert werden oder es wird herausgelöst und für andere Rezepte weiterverarbeitet.

Kartoffelauflauf
mit Heringsfilet

(von Oda Tietz)

Zutaten für 4 Personen

1 kg Kartoffeln (fest kochend)

8 Heringsfilets

50 g Butter oder etwas Pflanzenöl

4 Eier

1/4 l saure Sahne

Salz

frisch gemahlener weißer Pfeffer

3 EL Schnittlauchröllchen

- Die Kartoffeln in der Schale kochen, abgießen, pellen und in Scheiben schneiden
- Die Heringsfilets in einer Schüssel 2 Stunden wässern, herausnehmen, trockentupfen und in Streifen schneiden
- Eine Auflaufform mit der Butter oder dem Öl fetten, die Kartoffelscheiben und den Hering abwechselnd schichtweise hineinlegen
- Eier und saure Sahne verrühren, mit Salz und Pfeffer würzen und darüber gießen
- Im vorgeheizten Backofen bei 200 °C (Gas Stufe 3, Umluft 180 °C) etwa 25 Minuten garen
- Herausnehmen und mit Schnittlauchröllchen garniert servieren.

Dieses Rezept stammt aus Thüringen, einem Landstrich, in dem eher weniger Fischgerichte gegessen werden. Daher spielen bei diesem Rezept die Kartoffeln auch eine wichtige Rolle.

Kretzer
nach Bodensee-Art

(von Claudia Daiber)

Zutaten für 4 Personen

800 g Kretzerfilets
1 Ei
100 g Mandelblättchen
30 g Butter
Salz
weißer Pfeffer

- Die Kretzerfilets unter fließendem Wasser abwaschen, trockentupfen und mit Salz und Pfeffer würzen
- Das Ei in einen tiefen Teller geben und verquirlen
- Die Mandelblättchen in einen anderen Teller schütten
- Die Filets zuerst in dem Ei, dann in den Mandelblättchen wenden
- Die Butter in einer Pfanne zerlassen und die Kretzerfilets darin bei mittlerer Hitze von beiden Seiten goldbraun braten
- Die Kretzerfilets auf einer vorgewärmten Platte anrichten
- Dazu passen ein bunter Salat und Salzkartoffeln.

Kretzer wird der Bodenseebarsch bei Meersburg genannt.
Bei Konstanz auf der Schweizer Seeseite nennt man ihn Egli.
Egal wie er heißt – er ist eine Delikatesse!

Labskaus

Zutaten für 4 Personen

- 350 g Pökelfleisch vom Rind
- 1/2 l Wasser
- 1 Lorbeerblatt
- 2 Gewürznelken
- 5 Pfefferkörner
- 500 g Kartoffeln
- 1 Zwiebel
- 1 Gewürzgurke
- Salz
- Pfeffer
- 20 g Butterschmalz
- 4 Eier
- 4 Rollmöpse oder 4 Matjesfilets

- Das Fleisch in Wasser mit den Gewürzen etwa 90 Minuten lang gar kochen
- Die Brühe anschließend abseihen
- Die Kartoffeln schälen und in Wasser garen, anschließend abgießen und heiß zerstampfen
- Die Zwiebel schälen
- Das Fleisch und die Zwiebel durch die grobe Scheibe des Fleischwolfes drehen oder hacken und mit den gestampften Kartoffeln vermischen
- Von der Fleischbrühe so viel dazugeben, dass ein fester Brei entsteht
- Die Gurke in feine Würfel schneiden und unter das Labskaus rühren
- Mit Salz und Pfeffer kräftig abschmecken
- Das Butterschmalz erhitzen und darin 4 Spiegeleier zubereiten
- Das Labskaus auf 4 Teller verteilen, je ein Spiegelei obenauf setzen und einen Rollmops oder ein Matjesfilet daneben legen
- Mit Rote-Bete-Salat servieren.

TIPP

Für die schnelle Küche kann man auch das Pökelfleisch durch Corned Beef aus der Dose ersetzen. Manche legen die Matjesfilets nicht auf das Gericht, sondern mischen sie klein geschnitten darunter. Ebenso kann man die Rote Bete klein geschnitten mit dem Labskaus vermischen, dann erhält es eine kräftigere rote Farbe.

Labskaus ist ein typisches Gericht des rauen Nordens, wobei es zahlreiche Varianten dieses Rezeptes gibt. Es soll schon seit 1701 bekannt sein. Der Name stammt von dem englischen Begriff „lobs-course“ und bedeutet „ein Speisegang für derbe Männer“. Tatsächlich war Labskaus lange Zeit ein häufiges Gericht an Bord, da die Hauptzutaten wie Pökelfleisch, Heringe und Kartoffeln lange haltbar sind und sich gut auf Schiffsreisen mitnehmen ließen.

Lachsforellenkoteletts
mit Apfel-Fenchel-Gemüse

Zutaten für 4 Personen

4 große Lachsforellenkoteletts (aus dem Mittelteil)
Saft von einer Zitrone
1 Fenchelknolle
1 säuerlicher Apfel
20 g Butter
20 g Butterschmalz
Mehl zum Wälzen
Salz
weißer Pfeffer

- Die Koteletts mit Zitronensaft beträufeln und mit Salz und Pfeffer würzen
- Die Fenchelknolle putzen und das Grün entfernen
- Die Knolle gründlich waschen und in feine Streifen schneiden
- Den Apfel schälen, vom Kerngehäuse befreien und ebenfalls in dünne Scheiben schneiden
- Die Butter erhitzen, den Fenchel darin andünsten, danach die Apfelscheiben dazugeben und alles zusammen fertig garen
- Mit Salz und Pfeffer würzen
- Die Lachsforellenkoteletts in Mehl wenden und in heißem Butterschmalz auf beiden Seiten goldgelb ausbraten
- Die Koteletts auf vier Tellern anrichten und mit dem Gemüse bedecken
- Dazu passt Butterreis.

Die Lachsforelle gehört zu den edelsten Speisefischen. Sie darf nicht mit der Seeforelle oder dem Lachs verwechselt werden. Sie wird bis zu 5 kg schwer und lebt in Nord- und Ostsee sowie im Nordatlantik und im Eismeer. Im Frühjahr steigt sie zum Ablaichen die Flüsse aufwärts.

Meefischle

(von Barbara Rias-Bucher)

Zutaten für 4 Personen

4 frische, küchenfertige Weißfische à ca. 250 g oder 800 g Main-Fische

2 Zitronen

8 Zweige krause Petersilie zum Garnieren

2–3 EL Öl

80 g Mehl

etwa 150 g Semmelbrösel

70 g Butterschmalz

Salz

frisch gemahlener weißer Pfeffer

- Die Fische mit einem Küchentuch abtrocknen, innen und außen mit Salz und Pfeffer würzen
- Die Zitronen achteln, die Petersilie waschen und trockentupfen
- Zitronenstücke und Petersilie auf 4 Portionstellern verteilen
- Öl, Mehl und Semmelbrösel auf 3 Tellern bereit stellen
- Das Butterschmalz in einer großen Pfanne erhitzen
- Die Fische nacheinander im Öl, im Mehl und in den Semmelbröseln wenden und im heißen Schmalz bei mittlerer Hitze knusprig backen
- Auf den vorbereiteten Portionstellern anrichten und heiß servieren
- Dazu passt Kartoffelsalat mit einer Marinade aus kräftiger Brühe, Essig und reichlich Zwiebeln.

Varianten:

Nehmen Sie statt Main-Fischen Weißfische (beim Fischhändler vorbestellen), die Sie auf beiden Seiten mit einem scharfen Messer in etwa fingerbreiten Abständen einschneiden. Dann mit Salz, Pfeffer und Zitronensaft würzen, in Mehl wenden und im heißen Schmalz pro Seite etwa 5 Minuten braten.

„Meefischle“ sind mittlerweile schon ein Geheimtipp – fingerlange und daumendicke Main-Fischlein, die es im Frühjahr gibt, werden schwimmend in Fett ausgebacken. Außerhalb der Flussregionen bekommt man sie kaum noch, außerhalb Frankens gar nicht.

Meißner Wurzelkarpfen

(von Oda Tietz)

Zutaten für 4 Personen

1 küchenfertiger Karpfen (1,5 kg)

1 Bd Suppengrün (Möhre, Sellerie, Petersilienwurzel)

2 Möhren

1 Stange Lauch

2 EL Öl

1 Lorbeerblatt

80 g Butter

1/2 l Weißwein (Müller-Thurgau trocken)

3 EL gehackte Petersilie

Salz

frisch gemahlener weißer Pfeffer

- Den Karpfen waschen, trockentupfen und in Portionsstücke teilen
- Das Gemüse putzen, waschen und klein schneiden
- Das Öl erhitzen und das Gemüse hineinlegen
- Die Karpfenstücke obenauf schichten
- Mit Salz und Pfeffer würzen und das Lorbeerblatt zufügen
- Butterflöckchen aufsetzen und den Weißwein angießen
- Zugedeckt 20 Minuten bei mittlerer Hitze dünsten
- Die Karpfenstücke auf eine vorgewärmte Platte legen und mit Petersilie bestreuen
- Die Soße durch ein Sieb streichen, dabei das Gemüse mit durchdrücken, vorher das Lorbeerblatt entfernen
- Petersilienkartoffeln dazu reichen.

Karpfen kommt traditionsgemäß häufig an Weihnachten oder Silvester auf den Tisch. Besonders im Winter werden daher so genannte Spiegelkarpfen lebend angeboten, die aus speziellen Zuchtanlagen stammen.

Variante Karpfen blau

Der traditionelle Karpfen blau lässt sich ganz einfach zubereiten. Den küchenfertigen Karpfen im Ganzen oder halbiert vorsichtig abwaschen, damit die Schleimschicht nicht beschädigt wird, weil er sich sonst nicht blau färbt, und auf eine Platte legen. 1/8 l Wasser mit 4 EL Essig aufkochen, heiß über den Karpfen geben und 10 Minuten offen stehen lassen. In der Zwischenzeit 2–3 l Wasser mit 1 Bund Suppengemüse, 1 Zwiebel (beides klein geschnitten), Gewürzen (z.B. Nelken, Wacholderbeeren, Pfefferkörnern, Lorbeerblatt), reichlich Salz und 1/8 l Weißwein oder Essig aufkochen. Den Karpfen vorsichtig in den Sud geben und 20 Minuten ziehen lassen. Mit Salzkartoffeln und zerlassener Butter oder Meerrettichsahne servieren.

Miesmuscheln
in Weißwein

(von Marlies Wiemer)

Zutaten für 4 Personen

4 kg Miesmuscheln
5 Zwiebeln
1 Stange Lauch
2 Möhren
1/4 Sellerieknolle
2 Lorbeerblätter
10 Pfefferkörner
4 Gewürznelken
1/2 l Weißwein
1/4 l Wasser

- Die Muscheln unter fließendem Wasser mehrmals waschen und alle geöffneten Muscheln aussortieren
- 4 Zwiebeln schälen, das Gemüse putzen und alles in Würfel schneiden
- Die fünfte Zwiebel schälen und mit den Gewürzen spicken
- Den Weißwein mit dem Wasser erhitzen
- Das Gemüse, die Gewürze und die Muscheln dazugeben, wobei die Muscheln in 4 Portionen gekocht werden
- Bei geschlossenem Topf jede Portion 8 bis 10 Minuten garen, zwischendurch den Topf öfter schütteln
- Die Muscheln sind gar, wenn sie sich geöffnet haben.

TIPP

Die Muscheln sehr heiß servieren und Schwarzbrot mit Butter dazu reichen.

Dieses Rezept ist eine Spezialität vom Niederrhein und schon in sehr alten Kochbüchern zu finden.

Münchner Steckerlfisch

(von Barbara Rias-Bucher)

Zutaten für 4 Personen

4 küchenfertige frische Makrelen (à ca. 200 g)

Saft von 1 Zitrone

4 EL Mehl

8–12 frische Salbeiblätter

8 Zitronenschnitze

Salz

schwarzer Pfeffer

- Die Salbeiblätter waschen und trockentupfen
- Die Makrelen innen und außen kalt abspülen und trockentupfen
- Die Bauchhöhlen mit den Salbeiblättern füllen und die Fische mit Zitronensaft beträufeln
- Fische innen und außen kräftig mit Salz und Pfeffer würzen
- Im Mehl wenden und der Länge nach auf Spieße stecken
- Den Grillrost mit gut geölter Alufolie belegen
- Die Makrelen auf die Folie legen und etwa 15 Minuten grillen, dabei ein- oder zweimal wenden
- Mit den Zitronenschnitzen anrichten
- Dazu passen Brot oder Kartoffelsalat und Bier.

Für Original-Steckerlfisch brauchen Sie einen eigenen Garten: Einen etwa 10 cm tiefen Graben von etwa 1 Meter mal 50 cm ausheben. Die Erde auf beiden Längsseiten anhäufeln. Den Graben mit glimmender Holzkohle füllen, dabei die Kohle nach und nach schichtweise einfüllen, damit sie gleichmäßig weiterglüht. Sobald sie zu weißer Glut verbrannt ist, eine Reihe Spieße mit den Fischen im Winkel von etwa 45 Grad in den einen Erdhaufen stecken. Die zweite Reihe Fische so in den gegenüberliegenden Erdhügel stecken, dass die Steckerlfische eng nebeneinander braten, sich jedoch nicht berühren. Über diesem Erdgrill können Sie etwa zehn Fische grillen.
Bevor Sie den Grill anzünden, die Holzspieße in kaltem Wasser quellen lassen. Dann können sie beim Grillen nicht verbrennen.
Salbei gehört zu den Kräutern, die beim Braten mit Fett köstliche Würze entfalten. Außerdem macht er den deftigen Fisch besser verdaulich.

Die Makrele besitzt ein recht fetthaltiges Fleisch. Wegen der dunklen Streifen auf dem torpedoförmigen Körper wird sie auch „Zebra der Meere" genannt.

Rotaugen mit Sauerkraut

Zutaten für 4 Personen

4 Rotaugen à 200 g
2 EL Zitronensaft
75 g magerer Räucherspeck
2 Zwiebeln
30 g Butter
500 g Sauerkraut
150 ml Weißwein
2 Kartoffeln
1 säuerlicher Apfel
Salz
Pfeffer

Zum Panieren:

2 Eier
Mehl
Paniermehl
30 g Butterschmalz

- Die Rotaugen ausnehmen und filetieren
- Die Filets waschen und trockentupfen, anschließend mit Zitronensaft beträufeln und salzen
- Den Speck fein würfeln
- Die Zwiebeln schälen und ebenfalls würfeln
- Die Butter erhitzen und darin den Speck und die Zwiebeln goldgelb anbraten
- Das Sauerkraut zufügen, etwas anschmoren, dann mit dem Weißwein ablöschen und zugedeckt 30 Minuten garen
- Mit Salz und Pfeffer würzen
- Die rohen Kartoffeln schälen, fein reiben und zu dem Sauerkraut geben
- Den Apfel schälen, vierteln, das Kerngehäuse entfernen und die Viertel in kleine Stücke schneiden
- Unter das Sauerkraut heben und weitere 10 Minuten dünsten
- Die Eier auf einem Teller verquirlen, Mehl und Paniermehl jeweils auch auf einen Teller geben
- Die Fischfilets zuerst in Mehl, dann in Ei und zuletzt in Paniermehl wenden
- Das Butterschmalz erhitzen und die panierten Rotaugenfilets unter Wenden darin von beiden Seiten in je 4 bis 5 Minuten goldgelb braten
- Zusammen mit dem Sauerkraut servieren.

Rotaugen gehören zu den Weißfischen und werden etwa 30 cm lang. Als Speisefisch sind nur die ausgewachsenen Exemplare interessant. Sie kommen selten in den Handel, sondern sind eher direkt von Anglern zu beziehen.

Rotbarschfilets
Berliner Art

Zutaten für 4 Personen

4 Rotbarschfilets à ca. 200 g
Saft einer halben Zitrone
4 EL Olivenöl
4 große Kartoffeln
1 Ei
Mehl zum Wenden
200 g Krabben (frisch gepult oder aus der Dose)
2 EL Butter
2–3 EL gehackte Petersilie
Salz
Pfeffer

- Die Kartoffeln in der Schale kochen
- Die Rotbarschfilets salzen, pfeffern und mit dem Zitronensaft und 2 EL Öl beträufeln
- Eine Viertelstunde ziehen lassen, danach die Filets abtropfen lassen
- Das Ei in einem tiefen Teller verquirlen, das Mehl auf einen zweiten Teller geben
- Die Filets erst in Ei, dann in Mehl wenden und in dem restlichen Öl goldbraun von beiden Seiten braten
- Die Pellkartoffeln schälen und in kleine Würfel schneiden
- Die Krabben – falls aus der Dose – abtropfen lassen
- Die Butter in einer zweiten Pfanne erhitzen und die Kartoffeln mit den Krabben darin leicht anbraten
- Die Filets auf vorgewärmten Tellern anrichten und die Kartoffeln mit den Krabben darüber verteilen
- Mit Petersilie bestreut servieren.

TIPP

Mit dieser Haube aus Kartoffeln und Krabben kann man auch andere Sorten von Backfisch verfeinern.

Der Rotbarsch – auch Goldbarsch genannt – ist bei uns erst seit den 1930er-Jahren im Handel, da er in großen Tiefen im Nordatlantik lebt und vorher mit den damaligen Fangmethoden nicht gefischt werden konnte. Er hat sich schnell zu einem äußerst beliebten Speisefisch entwickelt, sodass heute schon viele Bestände überfischt sind.

Scholle Blankenese

Zutaten für 4 Personen

4 küchenfertige Schollen à 250 g

2 EL Mehl

3 EL Öl

200 g Nordsee-Krabben

2 EL Zitronensaft

Salz

Petersilie und Zitronenscheiben zum Garnieren

- Die Schollen kurz unter kaltem Wasser abspülen und trockentupfen
- Mit Salz würzen und in Mehl wenden
- In heißem Öl auf jeder Seite etwa 6 Minuten braten
- Die Schollen aus der Pfanne nehmen und warm stellen
- Die Krabben in die Pfanne geben und 4 bis 5 Minuten dünsten
- Die Schollen auf 4 Tellern anrichten, die Krabben darüber verteilen und alles mit Zitronensaft beträufeln
- Mit Petersiliensträußchen und Zitronenscheiben garniert servieren
- Dazu passen grüner Salat oder Gurkensalat mit Dill und Salzkartoffeln.

Varianten:

Speckscholle: Statt der Krabben werden ausgelassene Speckwürfel vor dem Servieren über der Scholle verteilt.

Scholle Finkenwerder Art: Hierfür werden die Krabben in den ausgelassenen Speckwürfeln erhitzt und zusammen mit ihnen auf der Scholle verteilt.

Scholle Englische Art: Die Scholle wird vor dem Braten mit Worcester-Soße eingerieben.

Mandelscholle: Die Scholle wird nach dem Braten mit in Butter gebräunten Mandelblättchen bestreut.

Seeteufel geschmort

Zutaten für 4 Personen

1 kg Seeteufelfleisch (am besten vom Schwanzstück)
4 Schalotten
150 g Champignons
1 Bd Petersilie
125 g Butter
100 ml Weißwein
50 g Semmelbrösel
Salz
frisch gemahlener Pfeffer

- Den Seeteufel abspülen, trockentupfen und in nicht zu dünne Scheiben schneiden
- Die Schalotten schälen und fein hacken
- Die Champignons putzen und feinblättrig schneiden
- Die Petersilie waschen, trockenschütteln und fein hacken
- Den Boden einer feuerfesten Form mit der Hälfte der Schalotten und Champignons bedecken
- Den Fisch darauf legen und mit Salz und Pfeffer würzen
- Die restlichen Schalotten und Champignons darüber verteilen und mit der Petersilie bestreuen
- Die Butter in Flöckchen darauf setzen und den Wein angießen
- Zum Schluss die Semmelbrösel darüber streuen
- Den Backofen auf 230 °C (Umluft 210 °C, Gas Stufe 4) vorheizen
- Etwa 15 Minuten auf der mittleren Schiene backen, bis die Oberfläche goldbraun und knusprig ist
- Dazu passen Salzkartoffeln und ein bunter Salat.

Seeteufel kommt vorwiegend in der Nordsee vor. Früher wurde er wegen seines merkwürdigen Aussehens mit dem großen Kopf und dem riesigen Maul auch Krötenfisch genannt und war fast unverkäuflich. Mittlerweile wird er aber als Speisefisch sehr geschätzt. Er besitzt festes, weißes Fleisch und ihm fehlen die oft störenden feinen Gräten.

Seezungenröllchen

Zutaten für 4 Personen

8 Seezungenfilets à 100 g

Saft einer Zitrone

8 Artischockenherzen

3–4 EL Öl

1/4 l trockener Weißwein

100 ml Sahne oder Crème fraîche

Salz

weißer Pfeffer

- Die Seezungenfilets mit Zitronensaft beträufeln und salzen
- Die Artischockenherzen abtropfen lassen
- Je ein Stück in ein Seezungenfilet mit der Hautseite nach innen einrollen
- Außen die Röllchen mit Öl bestreichen
- Den Backofen auf 220 °C (Umluft 200 °C, Gas Stufe 4) vorheizen
- Die Röllchen nebeneinander in eine Auflaufform setzen und mit dem Weißwein übergießen
- Die Form mit Alufolie abdecken und im Backofen etwa 30 Minuten garen
- Die Röllchen herausnehmen und auf einer Platte warm halten
- Den Kochsud abgießen, noch einmal aufkochen, mit Sahne oder Crème fraîche verfeinern und mit Salz und Pfeffer abschmecken
- Die Soße zu den Röllchen getrennt reichen und mit Reis servieren.

Tipp

Die Seezunge zählt zu den delikatesten Fischen. Daher sollte man sie immer nur dezent würzen und möglichst naturbelassen zubereiten, damit der feine Geschmack nicht übertönt wird.

Steinbutt
mit Steinpilzsoße

Zutaten für 4 Personen

4 Steinbuttfilets à 150 g
2 kleine Zwiebeln
2 Tomaten
je 1 Zweig Basilikum, Dill, Estragon und Liebstöckel
6 schwarze Pfefferkörner
1/4 l trockener Weißwein
2 EL Weißweinessig
3 Frühlingszwiebeln
250 g Steinpilze (frisch oder Dosenware)
40 g Butter
100 g Crème fraîche
1 Eigelb
1 EL frische gehackte Kräuter nach Geschmack
Salz
weißer Pfeffer

- Die Zwiebeln schälen und vierteln
- Die Tomaten waschen und ebenfalls vierteln
- Die Kräuter abspülen und trockenschütteln
- Zwiebeln, Tomaten, Pfefferkörner und Kräuter zusammen mit dem Wein aufkochen und alles 20 Minuten köcheln lassen
- In der Zwischenzeit die Fischfilets kurz abspülen, trockentupfen, mit dem Essig beträufeln und leicht salzen; 10 Minuten ziehen lassen
- Die Frühlingszwiebeln waschen, putzen und in feine Ringe schneiden
- Die Steinpilze putzen (Dosenware abtropfen lassen) und in dünne Scheiben schneiden
- Über den Topf mit dem kochenden Sud ein Sieb legen und die Fischfilets in dem Sieb 5 Minuten dämpfen; anschließend auf einer Platte warm halten
- Den Sud durch ein Sieb gießen und bei starker Hitze etwa auf die Hälfte reduzieren
- Die Butter in einer Pfanne erhitzen und die Frühlingszwiebeln darin glasig braten
- Die Steinpilze hinzufügen und unter Rühren so lange mitbraten, bis sie beginnen Flüssigkeit abzugeben
- Dann die Crème fraîche hinzufügen und unter Rühren etwas einkochen lassen
- Anschließend den Sud dazugeben und die Soße mit Salz und Pfeffer abschmecken
- Das Eigelb verquirlen und damit die Soße legieren (binden); sie darf danach nicht mehr aufkochen, damit das Eigelb nicht gerinnt
- Zum Schluss die Kräuter einrühren
- Die Fischfilets auf Tellern mit der Soße anrichten und mit Reis servieren.

Der Steinbutt ist ein großer Plattfisch von fast kreisrunder Form. Den Namen hat er wegen der Verknöcherungen auf der schuppenlosen Haut erhalten, die „Steine" genannt werden. Kleine Exemplare kommen als Baby-Steinbutte im Ganzen auf den Markt.

Waller
auf Wurzelgemüse

(von Barbara Rias-Bucher)

Zutaten für 6 Personen

- 1,2 kg Wallerfilet
- 1 dünne Stange Lauch
- 2 Stangen Sellerie
- 1 Petersilien- oder Pastinakenwurzel
- 1 Möhre
- 1 Stück Knollensellerie (ca. 200 g)
- 1/4 l trockener Weißwein
- 1/8 l Weißweinessig
- 1 EL Salz
- 2 Päckchen Fischgewürz
- 2 Zitronenscheiben
- 2 EL fein zerkleinerter Dill

- Die Fischfilets in 6 Stücke schneiden
- Lauch und Selleriestangen putzen und waschen
- Die Petersilienwurzel oder Pastinake, die Möhre und den Knollensellerie schälen
- Lauch und Selleriestangen schräg in etwa ½ cm breite Stücke schneiden
- Das Wurzelgemüse zuerst in Scheiben, dann in feine Stifte schneiden
- In einem großen Topf 2 l Wasser, Wein, Essig, Salz, Fischgewürz und Zitronenscheiben aufkochen
- Zuerst das Gemüse im Sud einmal kräftig aufkochen
- Den Waller in den Sud legen und im offenen Topf bei mittlerer Hitze langsam zum Sieden bringen, bis im Sud kleine Bläschen aufsteigen
- Fischstücke darin etwa 5 Minuten gar ziehen lassen, dabei darauf achten, dass der Sud immer nur perlt, aber nicht sprudelt
- Die Fischstücke auf vorgewärmten, tiefen Tellern anrichten und mit einem Esslöffel Sud beträufeln
- Das Gemüse aus dem Sud und den Dill darüber verteilen
- Zu diesem fränkischen Gericht passen gut Salzkartoffeln und grüner Salat.

Waller oder Wels war einst während der Fastenzeit ein edles Gericht für weltliche und geistliche Fürsten. Noch heute werden für den großen Raubfisch geradezu fürstliche Preise verlangt. Gute Alternativen sind Karpfen oder Forelle.

Westfälische Speckbrassen

Zutaten für 4 Personen
4 Brassen à etwa 350 g
1 1/2 kg frischer Blattspinat
200 g fetter Speck
4 Zwiebeln
100 g gekochter Schinken
Öl zum Braten
Salz
Muskat

- Den Spinat waschen und putzen und anschließend in wenig Wasser dünsten, bis er zusammenfällt
- Den Speck in kleine Würfel schneiden und in einer heißen Pfanne auslassen
- Die Grieben aus der Pfanne nehmen, die Pfanne mit dem Fett zur Seite stellen
- Den Spinat zusammen mit den Grieben fertig garen
- Mit Salz und frisch geriebenem Muskat abschmecken
- Die Fische ausnehmen, schuppen und waschen
- Trockentupfen und an den Seiten mit einem scharfen Messer anritzen
- Die Zwiebeln schälen und in Würfel schneiden
- Den Schinken ebenfalls in Würfel schneiden
- In heißem Öl Zwiebeln und Schinken anbraten, bis sie leicht braun sind
- Damit die Fische füllen und mit Zahnstochern oder kleinen Stahlspießen verschließen
- Die Brassen in dem ausgelassenen Fett von beiden Seiten in etwa 8 Minuten goldbraun braten.

Tipp
Dazu passen Bratkartoffeln, die in Westfalen auch gerne mit Speck und Zwiebeln zubereitet werden.

Für die bessere Verdauung darf natürlich der westfälische Doppelkorn nach dem Essen nicht fehlen.
Brassen besitzen ein relativ grätenreiches Fleisch, daher sind sie nicht jedermanns Sache. Alternativ man kann das Rezept auch mit anderen Süßwasserfischen zubereiten.

Zander
mit Meerrettichhaube

Zutaten für 4 Personen

1 Zander (etwa 750 g)
2–3 EL Zitronensaft
1/2 Stange Lauch
2 Möhren
1 Stück Sellerie
1 Zwiebel
1 Lorbeerblatt
3 Pfefferkörner
1 Gewürznelke
1–2 EL Essig
3 EL Semmelbrösel
100 g Butter
3 EL geriebener Meerrettich
Salz

- Den Fisch schuppen, ausnehmen, waschen und in 4 Portionsstücke teilen
- Die Stücke salzen und mit Zitronensaft beträufeln
- Lauch, Möhren und Sellerie putzen und in kleine Stücke schneiden
- Die Zwiebel schälen und in kleine Würfel schneiden
- Das Gemüse zusammen mit den Gewürzen und dem Essig in kochendes Salzwasser geben und 5 Minuten kochen lassen
- Dann die Hitze zurückschalten, die Fischstücke hinzugeben und diese in etwa 10 Minuten gar ziehen lassen
- In der Zwischenzeit die Butter in einer Pfanne erhitzen und die Semmelbrösel darin goldgelb rösten
- Die Fischstücke auf vorgewärmten Tellern anrichten und mit dem Meerrettich und den Semmelbröseln überziehen.

TIPP Dazu passt Kartoffelpüree.

Der Zander ist wie der Kretzer ein typischer Bodenseefisch und besitzt einen fein-kräftigen Geschmack.

Zanderfilet
mit Shrimps

(von Claudia Daiber)

Zutaten für 4 Personen

800 g Zanderfilet
1/2 Bd Dill
1 EL Butter
100 ml trockener Weißwein
100 g Sahne
3 EL Noilly Prat
100 g Shrimps
Salz
weißer Pfeffer

- Die Zanderfilets unter fließendem Wasser abspülen, trockentupfen und mit Salz und Pfeffer würzen
- Den Dill abbrausen, trockenschütteln, einige Zweige zur Dekoration beiseite legen
- Den restlichen Dill ohne die groben Stiele fein hacken
- Die Butter in einer Pfanne zerlassen
- Die Zanderfilets darin von beiden Seiten bei schwacher Hitze goldgelb anbraten
- Die Filets herausnehmen und auf einer vorgewärmten Platte zugedeckt beiseite stellen
- Den Weißwein, die Sahne und den Noilly Prat in die Pfanne geben und Bratenfond loskochen
- Die Soße durch ein Sieb passieren, wieder in die Pfanne geben und etwas einkochen lassen, bis sie sämig ist
- Die Shrimps und den fein gehackten Dill in die Soße geben und darin kurz erwärmen
- Die Zanderfilets auf vorgewärmte Teller verteilen, mit der Soße bedecken und mit dem Dill garnieren
- Dazu passt Wildreis.

TIPP

Noilly Prat gilt als der trockenste Wermut und wird in einem speziellen Verfahren in Frankreich aus säurereichen Weinen hergestellt. Ersatzweise kann man auch anderen Wermut für das Rezept verwenden.

Rezeptverzeichnis

Bildquellen
Egon Binder, Grafenau: Seite 14 oben, 14 unten
Hans-Jürgen Burkard/Bilderberg: Seite 13
Armin Göllner, Mannheim: Seite 7
Heinz Jagusch, Erkrath: Seite 8
Ingo Wandmacher, Bad Schwartau: Seite 4, 9, 11
Alle anderen Fotos stammen von Fridhelm Volk, Stuttgart.

Bibliografische Information Der Deutschen Bibliothek
Die Deutsche Bibliothek verzeichnet diese Publikation in der Deutschen Nationalbibliografie; detaillierte bibliografische Daten sind im Internet über http://dnb.ddb.de abrufbar.

Haftung:
Die Herausgeberin und der Verlag haben sich um richtige und zuverlässige Angaben bemüht. Fehler können jedoch nicht vollständig ausgeschlossen werden. Eine Garantie für die Richtigkeit der Angaben kann daher nicht gegeben werden. Haftung für Schäden und Unfälle wird aus keinem Rechtsgrund übernommen.

Wollgrasweg 41, 70599 Stuttgart (Hohenheim)
E-Mail: info@ulmer.de
Internet: www.ulmer.de
Printed in Germany
Lektorat: Anke Ruf
Covergestaltung und Layout: Wilde2, Stuttgart
Herstellung: Gabriele Wieczorek
Druck und Bindung: Offizin Andersen Nexö
Umschlagfoto: Fridhelm Volk, Stuttgart

ISBN: 3-8001-4758-0

Wir danken der Firma Villeroy & Boch, die uns für die Fotoproduktion Geschirr leihweise zur Verfügung gestellt hat.

Einfach zu kochen und richtig lecker.

Eine abwechslungsreiche Auswahl von leckeren Wildgerichten finden Sie in diesem Buch. Viele Tipps zur Zubereitung machen diese Rezeptesammlung zu einem rundum gelungenen Kochbuch für Freunde ländlicher Wildgerichte.

Landfrauen-Rezepte: Wild.
W. Martin, F. Volk. 2004.
127 S., 65 Farbf., geb.
ISBN 3-8001-4600-2.

Eine bunte Zutatenmischung – das ist es, was die Pfälzer Küche ausmacht. Unternehmen Sie in diesem Buch einen kulinarischen Streifzug durch die Pfalz und lassen Sie sich von den fantasievollen Rezepten inspirieren.

Landfrauen-Rezepte aus der Pfalz.
V. Isele, F. Volk. 2004.
128 S., 86 Farbf., geb.
ISBN 3-8001-4623-1.

In diesem Buch finden Sie viele abwechslungsreiche Rezepte, ob einfache Mehlspeise oder festlicher Braten, mit Anregungen, Tipps und Wissenswertem rund um die schwäbische Küche.

Landfrauen-Rezepte aus Schwaben.
C. Daiber, F. Volk. 2003.
128 S., 75 Farbf., geb.
ISBN 3-8001-4238-4.

Ulmer

Ganz nah dran.